Das Geheimnis der

Schwarzen Gilde

37.–42. Auflage

Von diesem Buche ist eine
Liebhaber-Ausgabe in
prachtvollem Halblederband
zum Preise von
5 Mark erschienen.

ein romantischer

Jugendroman

aus dem
Bergischen Land

STAY KAWAII

Zutaten:

2 Portionen Ideen

1x bunte Haare

1 großer Klacks Fantasie

2 Spritzer Lustigkeit

1 kleine Prise Dialekt

Zubereitung:

Alle Zutaten miteinander verrühren

mit ganz vielen Schokostreuseln garnieren

eventuell ein Glässchen Gemütlichkeit zugeben

servieren & genießen

reicht für 1 oder ganz viele Personen

Mein Rezept

Es war Sommer und ein sehr warmer Tag in der kleinen Stadt. Eigentlich sogar ein sehr heißer Tag, die Bumen in den Vorgärten ließen ihre Köpfe morgens schon hängen und kein Regen war in Sicht. Beim Überqueren der Straße mussten meine Pfoten sich ganz schön schnell bewegen, weil selbst der Teer schon klebrig und heiß wurde.

Rot und mutig, das bin ich

So kommt es, dass ich an diesem Tag, völlig gegen meine sonstige Gewohnheit, nicht im sehr gemässigten Schritt, sondern nun fast schon rennend an der Jugendherberge vorbeisause. Eine Frechheit eigentlich, dass ich arbeiten muss! Denn immerhin bin ich sowas wie die Wachtmeisterkatze hier für das Gebiet rund um das Schloss Burg an der Wupper. Ich habe auf alles ein Auge und nehme meine Aufsichtspflicht sehr ernst. Kontinuierlich schreite ich mein Gebiet ab. Das mit der Hitze geht nun schon eine Woche so. Es war mir gegen Mittag sogar schon so heiß, dass ich meinen geliebten Sonnenplatz auf der warmen Mauer aufgeben musste, um mir ein schattigereres Plätzchen zu suchen. Schade eigentlich, denn von diesem erhöhten Posten aus kann ich alles genau beobachten und das stundenlang und im Liegen. Dabei kann es natürlich auch passieren, dass ich einschlafe und ein kurzes Nickerchen mache. Aber das merkt keiner, glaub' ich. Eigentlich ist das ein ganz schöner Job, den ich da habe. Aber erzähl' das bloss keinem weiter. Vor allem keinen Menschen. Es kann nicht jede Katze so mutig sein und nicht

PRIORITAIRE PRIORITY

EINLADUNG

für

. . . .

Hiermit möchte ich Dich ganz herzlich zu neuen Geschichten und Ideen aus dem Rosa Haus einladen. Ich hoffe, dass Du darin viele Dinge findest, die Dir schmecken und gefallen. Viel Spaß dabei.

Hallo,
ich bin
Andrea,

ich backe sehr gerne Kuchen und lebe mit meinem Mann in einem Rosa Haus. Außer Backen mag ich Dinge im Haus dekorieren und „crafty" Handarbeiten. In meinem ersten Buch „Backen mit Love" hatte sich auf Seite 82 schon ein Bild von der Roten Katze eingeschlichen. Damals noch ein kleiner, ganz schmaler und scheuer Kater. Das war vor 2 Jahren. Heute ist er nicht mehr ganz so schmal (er trägt irgendwie immer Winterfell?!) und macht auch gerne mal das eine oder andere Mittagsschläfchen im Haus. Beim zweiten Buch hat er sich allerdings auf Katzenart nun auch schon in den Titel eingeschlichen. Wen wundert´s? Obwohl er ja ein Kater ist, nennen wir ihn wie am Anfang immer noch die „Rote Katze".

BACKEN MIT LOVE

Cat B&B

you are Lovely

Stitch me a Story

BACKEN, CRAFT UND ROTE KATZE

Seite 4

ZWEITES BUCH, ERSTE SEITE

Wo fange ich an? Also, Anfang des Jahres habe ich meinen Designerjob an den Nagel gehängt. Nach 20 Jahren Modedesigner, hatte ich einfach keine Lust mehr, in diesem Beruf zu arbeiten. Ab sofort wollte ich nur noch meine eigenen Projekte verwirklichen und schöne Dinge machen, die mir gefallen. Aber was könnte das sein? Ein zweites Buch? Ursprünglich dachte ich ja, dass es niemals ein weiteres Backbuch geben kann, weil ja alle meine Rezepte schon in „Backen mit Love" gedruckt waren. Und die sind ja auch immer noch gut und lecker. Da ich aber ständig auf der Suche nach Neuem bin, war mein Backjournal dann doch ganz schnell wieder mit Rezepten gefüllt. Außerdem will ich Dich auch gerne noch mit meinen ganzen „crafty" Projekten zum Nachmachen inspirieren. Aber keine Angst: Das

Buch ist kein Handarbeitsbuch mit Schnittmustern und so ... Ich will Dir damit Ideen geben. Spezielle Anleitungen schaue ich mir auch im Internet an. Es ist und bleibt ein Backbuch. Ach ja, nur mit einem! Rezept aus „Backen mit Love" bin ich nicht mehr 100% zufrieden: die Scones. Nach ganz vielen Testessen in England, habe ich das Rezept überarbeitet. Damit fange ich auch gleich mal an.

englische Scones

Da ich ja jetzt auch tagsüber zu Hause bin, kenne ich alle Briefträger: Marcel, Carsten und Tobias. Carsten war der Erste der entdeckt hat, dass im Rosa Haus immer was gebacken wird. Seitdem gibt es „Kuchen to go" für Briefträger. Das beste Timing hatte er bei den Scones: frisch gebacken, noch warm aufgeschnitten, mit Clotted Cream und Marmelade bestrichen. Dann fuhr er im gelben Postauto vor und hat von mir einen direkt an der Tür serviert bekommen.

Zutaten:

350 G MEHL
1/4 TL SALZ
2 TL BACKPULVER
85 G BUTTERWÜRFEL   siehe S.123
3 EL ZUCKER   *
1 TL VANILLE EXTRAKT
175 ML BUTTERMILCH
SCHALE 1 ZITRONE
MILCH UND ZUCKER
FÜR OBENDRAUF

Ich gebe alle Zutaten in eine Küchenmaschine mit "Pulse" Taste und in wenigen Sekunden ist alles zerkleinert. Das ist alles. Ohne Küchenmaschine gibst Du alle Zutaten bis auf die Buttermilch in eine Schüssel. Dann alles mit den Fingern zerkrümeln, zum Schluss die Buttermilch dazugeben. Der Teig kommt auf Deine Arbeitsfläche und wird zu einer dicken Platte zusammengeschoben. Ich rolle den Teig nicht aus, nur mit der Hand zurechtdrücken. Du kannst ca. 7 Scones mit 6,5 cm Durchmesser aus dem Teig ausstechen. Vor dem Backen bestreiche ich sie noch mit etwas Milch und streue ein bisschen Zucker obendrauf, das gibt so 'ne schöne Kruste. Bei 180 Grad C ca. 22 Minuten backen.

Flammende Herzen

17 | 17 | 17 | 17 | 17 | 17

Ich weiß gar nicht, ob Du das Gebäck überhaupt kennst? Bei den Bäckern hier im Raum sehe ich die flammenden Herzen nie. Ich kenne sie von früher aus Stuttgart. Jetzt wollte ich meinem Mann zum Valentinstag gerne welche schenken, weil er sie auch so gern mag. Die vom Bäcker sind ja eigentlich so 10 cm groß, ich hab' meine kleiner gemacht, nur 7 cm, das fand ich schöner.

Zutaten:

200 G BUTTER
70 G PUDERZUCKER
50 G SPEISESTÄRKE
1 TL VANILLE EXTRAKT
1 EI
210 G MEHL
ROTE MARMELADE ODER NOUGAT ZUM FÜLLEN
100 G ZARTBITTER SCHOKI

Die Butter mit dem Zucker verrühren, Stärke, Vanille und das Ei dazugeben. Zum Schluss noch das Mehl. Die Masse in einen Spritzbeutel mit Sterntülle füllen und Dreiecke spritzen.

Bei 180 Grad C 15 Minuten backen und auskühlen lassen. Die erwärmte Füllung (was du lieber magst) auf die Unterseite eines Dreiecks streichen und ein weiteres draufsetzen. Die Schoki erhitzen und eine Seite vom flammenden Herz eintunken.

To My Valentine

I LOVE YOU

a true ←

Ideen für den Valentinstag

love storXy

FOR YOU

With love

With love

With love

never ends

HUGS AND KISSES

Dein Lieblingstee bekommt neue Etiketten. Dazu brauchst Du einen „Herzpuncher" und Stempel.

Alte „scrabble" Buchstaben für Deine Nachrichten

With love

you & me

i love you end of story

CARTE POSTALE

cutecottageoverload.com

Lavelazo-lap   Postcard   esikarte   Tarjeta postal

valentine's day
crafternoon
party

VANILLA

MiLK

To my Valentine

from
andrea

Eine tolle kleine Buchhandlung
hat mich genau am 14.02.
eingeladen. Anstelle eines
Kuchenbuffets hatte ich
kistenweise Zeugs für scrapbooking
dabei, damit jeder was schönes basteln
kann.

Am besten kamen meine
Valentinstag-„Himmel und Hölle"
Prints an. Ich musste natürlich
bei jemandem mit Kindern
erst mal fragen, wie
man die faltet.

11

Riesen Cookie Pizza oder

Peanut Butter Cookies

together · XOXO · *Love* · → · ♡♡

Für den Valentinstag wollte ich herzförmige Kekse haben, aber ohne lästiges Auswellen vom Teig oder so. Sollte schnell gehen. Und viele sollten es auch werden. Das Muster mit dem Gabelabdruck kenne ich von Fotos, wenn man die Kugeln einfach als runden Keks mit der Gabel im „criss-cross" platt drückt. Der Versuch war es also wert auszuprobieren, ob das auch in Herzform möglich ist. Und es klappt super! Und wenn Du was Besonderes für einen Geburtstag oder so brauchst: Ich hab' den Teig auch mal als Riesencookie gebacken und lustig belegt. Das hat spaß gemacht und gibt optisch einiges her.

Zutaten:

115 G BUTTER
260 G ERDNUSSBUTTER
200 G WEIßER ZUCKER
200 G BRAUNER ZUCKER
2 EIER
325 G MEHL
1 TL BACKPULVER
1,5 TL NATRON
1 TL SALZ

Die Butter mit der Erdnussbutter und den beiden Zuckersorten verrühren. Eier dazugeben und zum Schluss noch das Mehl, Backpulver, Natron und Salz reinkneten. Daraus habe ich 35 kleine Kugeln geformt und jede Kugel mit der Gabel mal nach der rechten und dann der linken Seite flach gedrückt, sodass eine Herzform entsteht. Oder Du füllst den Teig in eine runde Form, wenn Du die Pizza Idee aufnehmen willst. Danach muss der Teig aber erst mal für 30 Minuten kühl gestellt werden. Die Kekse werden bei 180 Grad C 15 Minuten, die Pizza 30 Minuten gebacken. Für den Belag der Pizza die Schoki mit der Erdnussbutter erhitzen und glatt rühren und danach auf dem Riesenkeks verteilen. Süßigkeiten nach Wahl drauf verteilen und kalt werden lassen.

Zutaten:

BELAG FÜR PIZZA
200 G ZARTBITTER SCHOKI
130 G ERDNUSSBUTTER
VERSCHIEDENE SÜßIGKEITEN
FÜR OBENDRAUF

Bei dieser Variante besteht das Herz aus geschmolzenen Gummibärchen. 3 Minuten vor dem Ende der Backzeit, je ein halbes Gummibärchen in eine vorher eingedrückte herzförmige Mulde legen. Dann wieder in den Ofen und es schmilzt in 3 Minuten von alleine.

Teetassen Täschchen

Der Schnitt ist dafür sehr einfach, nur ein abgerundetes Viereck. Zeitaufwändiger ist es, die vielen verschiedenen Stoffe übereinanderzunähen. Der Henkel ist ein gerader Streifen Stoff. Ein gequilteter Stoff bringt Dicke, damit Du kein extra Futter nehmen musst. Als Einfassband habe ich Spitze verwendet, und noch das Etikett vom Teebeutel eingenäht.

BACKEN CRAFT & rote katze

Topflappen

Den Katzenkopf habe ich auf ein DIN-A4-Papier gemalt und 2x aus Stoff ausgeschnitten. Damit Du hinten eine Tasche zum reingreifen hast, habe ich ein weiteres Schnittteil ohne die Ohren zugeschnitten. Vorne bestickt, Schlaufe zum Aufhängen und fertig!

Kekse verpacken

Eat me

Eat me

Eat me

BACKEN CRAFT & Rote Katze

Wenn ich ein kleines Geschenk für viele Personen brauche, verpacke ich sehr gerne Kekse. Papierverpackungen sehen toll aus, aber Du musst den Keks auf jeden Fall zuerst in eine Klarsichttüte verpacken, da er sonst „durchfettet". Ich habe auf dem Foto den Stempel vom Buch verwendet, Du kannst aber hier natürlich nehmen, was Dir gefällt. Ein „Masking Tape" als Fähnchen auf einem Zahnstocher bestempelt ist der perfekte Verschluss.

BACKEN CRAFT & rote katze

so will waren es dann do
Woche bis zu den Ferien,
zum Faulenzen herbeste
aut, denn ich wollte noch
machen. Das kannst Du doch na
tags tun. Das wird keinen S

Papiertüten kannst Du im Internet bestellen. Für die einfachere Variante habe ich Seiten aus alten Büchern herausgerissen, ein kreisrundes Etikett ausgestanzt und dann bestempelt. Die besten Motivstanzer finde ich im Internet.

sweet Birthday

Ich gehöre ja zu denen, die ihren Geburtstag jedes Jahr unbedingt feiern müssen. Ganz egal, wie alt ich gerade werde. Ich nutze immer die Gelegenheit, um Freunde einzuladen und Spaß zu haben. Dieses Jahr wollte ich gerne einen Tiara-Workshop mit den Mädels machen. Jede entwirft und bastelt sich eine eigene Tiara. Es gab verschiedene Themen wie Kuchen, oder Fast Food, Wassertiere etc. ... und danach haben wir die 5 Minuten Sonne genutzt und draußen mit einer Luftballonschlange (das ist eigentlich ein 3 Meter Gartenschlauch vom Baumarkt, an den Luftballons gebunden sind) Fotos gemacht Es war ein toller Tag!   Danke Mädels!

Smile   Sunshine

16

als Geburtstagskind wünsche ich mir

Schoko Ganache Kuchen

Die Sahne wird mit der Schoki im Topf erhitzt. Sobald beides flüssig ist, kannst Du es abkühlen lassen und den Puderzucker dazugeben. Zum Schluss noch die Butter unterrühren.

Die Masse wird jetzt noch fließend sein, und Du solltest sie ein paar Stunden abkühlen lassen. Allerdings nicht im Kühlschrank! Sonst ist sie zu hart zum Verwenden.

Zutaten:

KUCHEN
REZEPT DER NEOPOLITANER
TÖRTCHEN VON SEITE 74

SCHOKOLADEN GANACHE
330 ML SAHNE
500 G ZARTBITTER SCHOKI
200 G PUDERZUCKER
130 G BUTTER

Den ersten Boden auf eine Tortenplatte legen und großzügig 1/3 der Ganache darauf verteilen. Dann legst Du den nächsten Boden auf und verteilst darauf die gleiche Menge und noch mal mit dem dritten Boden. Den Kuchen bis zum Anschneiden am besten im Kühlschrank aufbewahren.

Die Hasengesichter sind aus dem Keksteig von S. 216, Du brauchst dafür einen runden und einen Knochen Ausstecher.

Ich habe für die Tasche 3 Geschirrtücher benötigt. Die Ohren habe ich mit einer Falte - wie im Foto gezeigt - angenäht. Ein dicker PomPom für die Nase, Augen aus Knöpfen und der Rest gestickt.

Die Stiele müssen zum Backen geeignet sein. Das Icing ist aus 1 Eiweiß und 200 g Puderzucker. Das Gesicht habe ich mit Lebensmittelstift gezeichnet.

Granola Körbe

Ich bin an Ostern ja nicht so sehr der Eier-Färber, ich mag das Ausblasen gar nicht! Meine Osterideen gehen also demnach wieder ganz klar in Richtung Essen. Bei einem gemütlichen Sonntagsfrühstück muss es bei mir ja immer frisches Obst geben, danach wird ein Frühstück in erster Linie bewertet. „Gab's auch Obstsalat?" OK, dann war's ein leckeres Frühstück. Ich hatte zum Brunch eingeladen und ich wollte ein schön angerichtetes Müsli mit Obst und Joghurt haben. Und da das Granola ja eh' so gut klebt, hab' ich versucht, kleine Schalen daraus zu backen, um sie zu füllen. Und es hat geklappt!

№ 9

Zutaten:

90 G KERNIGE HAFERFLOCKEN
30 G GERASPELTE KOKOSNUSS
2 EL MANDELN, GEHACKT
2 EL BRAUNER ZUCKER
3 EL AHORNSIRUP
3 EL FLÜSSIGE BUTTER

Alle Zutaten miteinander mischen und in 8 Muffinformen verteilen. Die Masse ganz fest andrücken, damit sie die Form von den Förmchen annimmt. Bei 180 Grad C 15 Minuten backen, bis sie Farbe bekommen haben. Nach dem Auskühlen kannst Du sie mit Joghurt und Beeren befüllen.

Rainbow Colour Cake

Der Kuchen ist angeschnitten natürlich ein richtiger showstopper! Jeder ist verblüfft über die brillianten Farben der einzelnen Böden, ich bin selbst auch immer begeistert davon. Damit das auch so aussieht, brauchst Du Gelfarben, nicht die flüssigen aus dem Supermarkt. Du bekommst sie online oder in speziellen Cupcake-Stores, die es mittlerweile fast in jeder Stadt gibt. Für den Teig habe ich ein sogenanntes „weißes" Rezept genommen - ohne Eigelb, damit die Farben brillianter wirken. Weil ich nicht so gut im Glattstreichen der Buttercreme bin, hab' ich seitlich Sprinkles angedrückt, und auch obendrauf noch ein bisschen Deko gemacht. Das vertuscht jede Unebenheit! Kein Problem, wenn Du keine 6 gleichen Backformen hast, aber 2 wären praktisch, dann hast Du nur 3 Durchgänge, da Du immer 2 zeitgleich backen kannst.

Zutaten:

"WEIẞER" TEIG
450 G ZUCKER
170 G BUTTER
7 EIWEIẞ
360 ML MILK
2 TL VANILLE EXTRAKT
375 G MEHL
3 TL BACKPULVER
3/4 TL SALZ

HAPPY EASTER

Als Erstes den Zucker mit der Butter schaumig schlagen, danach die Eiweiße, Milch und das Vanille Extrakt dazugeben. Zum Schluss noch die trockenen Zutaten: Mehl, Backpulver und Salz. Den Teig nun auf 6 Schüsseln verteilen, am besten abwiegen, damit Du immer gleich viel Teig hast. Den Teig einfärben wie Du willst. Er wird nach dem Backen genau die Farbe haben wie davor, wenn Du also kräftige Farben haben willst, musst Du jetzt auch genug Farbe dazugeben. Jeder eingefärbte Teig wird in einer 20 cm runden Form bei 180 Grad C 15 Minuten gebacken. Wenn alle gebacken sind, kommt das Zusammensetzen: Lege den ersten Boden auf eine Kuchenplatte und verteile 2 El Buttercreme darauf, dann den nächsten Boden usw. bis alle Böden zusammengesetzt sind. Obendrauf und seitlich kommt der Rest von der weißen Buttercreme. Mit der 2. Portion eingefärbter Buttercreme kannst Du nun den kompletten Kuchen einkleiden. Das muss gar nicht so superglatt und regelmäßig werden, weil ja seitlich die Sprinkles draufkommen, ich hab' die in die Hand genommen und von oben nach unten verteilt. Am besten über einer Schüssel. Wenn Du willst, kannst Du oben noch Buttercreme draufspritzen und irgendwelche Süßigkeiten darauf verteilen. Ich habe Schokoeier genommen. Hält sich im Kühlschrank 3 Tage frisch.

Zutaten:

SWISS MERINGUE BUTTERCREME
2 X REZEPT VON
NEAPOLITANER TÖRTCHEN (S. 74)
1 X WEIß FÜR DIE BÖDEN
1 X TÜRKIS ZUM VERKLEIDEN
LEBENSMITTELFARBEN,
GELFORM, NICHT FLÜSSIG!
VERSCHIEDENE SPRINKLES
FÜR AUßEN, WENN DU MAGST
SÜßIGKEITEN FÜR ZUR DEKO
OBENDRAUF, WENN DU WILLST

Die Osterhasen habe ich aus braunem bedrucktem Karton ausgeschnitten und den Rand mit dickem braunem Filzstift nachgezogen. Du benötigst 4 Muster-klammern für den Körper. Für den Hampelmann-Mechanismus habe ich Dir eine Skizze gemacht.

BUNNY TAILS

Sweet easter

Kleine Marshmallows eignen sich in Tüten verpackt gut als Häschenschwänze.

Safranbrötchen zu Ostern

Easter Buns

In wirklich jedem englischen Magazin hab' ich diese „Buns“ gesehen. Damit es am Ostersonntag etwas stressfreier verläuft, habe ich den Teig abends schon gemacht und ihn dann über Nacht in den Kühlschrank gestellt. Die sind nicht nur zu Ostern toll!

Zutaten:

1/4 TL SAFRANFÄDEN
300 ML MILCH
100 G BUTTER
50 G HONIG
2 EIER + 1 FÜR OBENDRAUF
150 ML WARMES WASSER
1 PÄCKCHEN TROCKENHEFE
3 TL VANILLE EXTRAKT
ABGERIEBENE SCHALE 1 ORANGE
150 G GETROCKNETE APRIKOSEN, IN STÜCKEN
175 G ROSINEN
175 G KORINTHEN
200 G ORANGEAT, (GANZ FEIN GEHACKT, Z. B. IM „HÄCKSLER“)
3 TL ZIMT
1 EL STÄRKEMEHL
2 TL SALZ
800 G MEHL

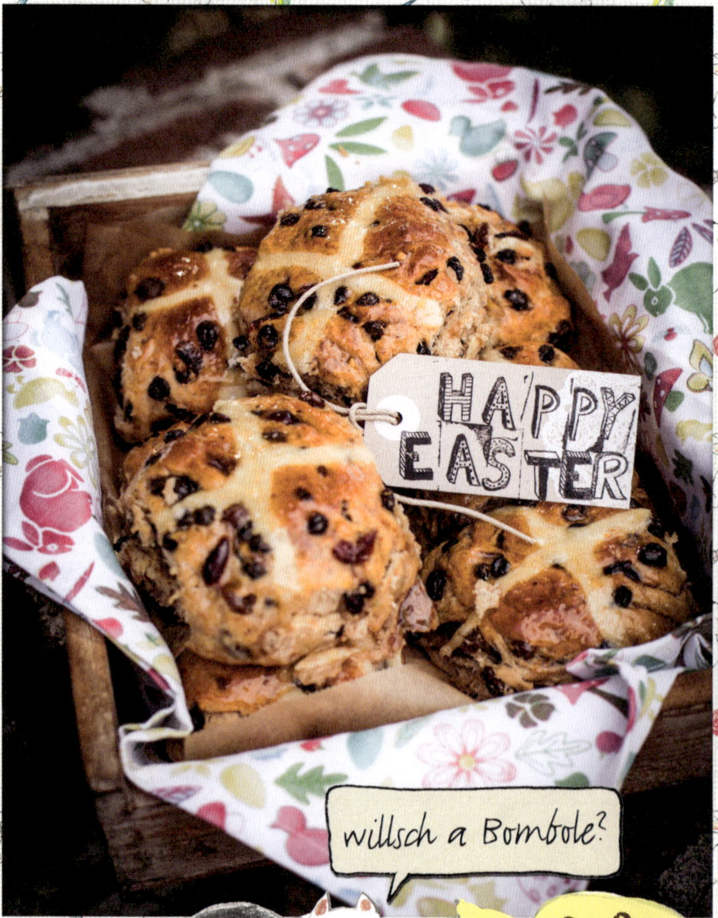

willsch a Bombole?

Die Safranfäden in der heißen Milch auflösen, dann kommt die Butter und Honig hinzu. Wenn alles geschmolzen ist, gibst Du die Eier, Wasser, Hefe, Vanille und Schale dazu. Alles gut verrühren und dann das Trockenobst unterkneten, Orangeat, Zimt, Stärke und Salz. Zum Schluss kommt noch das Mehl rein, forme daraus einen klebrigen Teig. Wenn sich der Teig zu trocken anfühlt, kannst Du etwas Wasser zugeben. Dann muss er erst mal für 90 Minuten gehen. Danach hab' ich ihn kurz geknetet und in 12 Kugeln geteilt. Du kannst die Kugeln entweder auf einem Backblech nebeneinander (mit etwas Platz dazwischen) oder in eine rechteckige Form 36x28 cm setzen (hab' ich so gemacht). Dann müssen sie wieder für 1 Stunde gehen. Nun werden sie mit dem verquirlten Ei bestrichen, und bekommen die Kreuze draufgespritzt. Du kannst über die ganze Fläche längs und quer spritzen, nicht jedes „Bun" einzeln. Nun werden sie bei 180 Grad C 30 Minuten gebacken. Für den Glanz werden sie nach dem Backen noch mit dem Sirup bestrichen.

Zutaten:

KREUZ MUSTER OBENDRAUF
150 G MEHL
SAFT 1/2 ZITRONE
150 ML WASSER

alles zusammenmischen, 10 Minuten stehen lassen, in einen Spritzbeutel füllen

GLANZ OBENDRAUF
50 G ZUCKER
1 EL HONIG
1/2 TL ZIMT
75 ML ORANGENSAFT

Alle Zutaten in einem Topf so lange köcheln lassen, bis Du einen dicken Sirup hast.

hello, new baby

100% LOVE

Try our DELICIOUS CHOCOLATE MILK

HIPPITY HOPPITY HAPPY EASTER
FROM ONE FLUFFY LITTLE BUNNIE.

„Goodie Bag" für Gäste

Als meine Freundin Dani aus dem Danröschen schwanger war, wollten wir für sie natürlich eine Baby-Shower-Party organisieren. Es sollte ein spätes Frühstück werden, und es war Biancas Aufgabe, Dani unter einem Vorwand aus dem Haus zu locken, damit wir genügend Zeit zum Aufbau und Dekorieren hatten. Wir wussten ja bereits, dass es ein Junge werden wird, und damit waren alle meine rosafarbenen, plüschigen Tülldekoträume für dieses Event leider ausgeträumt und ich musste umdenken in Richtung coole Jungs! Die genähten Buchstaben habe ich über das Büfett gehängt. Als Vorlage hab' ich Buchstaben einfach auf Papier gemalt, ausgeschnitten und als Schnittmuster verwendet. Füllwatte nach dem Nähen rein, Schnur dran und fertig. Auf einer blauen Wäscheleine hab' ich als Geschenk diverse Babysachen aufgehängt, die Basic-Strampler wurden dann mit Jungs-Accessoires „aufgemotzt."

Caramel Brownies

Den kleinen gelben Laster wollte ich unbedingt als Transportmittel für irgendwas süßes einsetzen, da haben sich Brownies am besten geeignet, weil sie am ehesten an Erde als Lkw Ladung erinnern. Drum herum hab' ich dann noch dunkle Kekse zerkrümelt, um den Baustelleneffekt zu verstärken.

Zutaten:

KARAMELL
100 G BRAUNER ZUCKER
50 G BUTTER
1 PRISE SALZ
3 EL MILCH

BROWNIE
150 G ZARTBITTER SCHOKI
150 G BUTTER
250 G BRAUNER ZUCKER
3 EIER
1 TL VANILLE EXTRAKT
100 G MEHL

Den Zucker im Topf erhitzen, bis er flüssig wird und sich aufgelöst hat. Dann gibst Du die Butter, Salz und Milch dazu. Solange rühren, bis eine glatte, dicke, karamellfarbene Masse entstanden ist. Dann kannst Du das Karamell auf ein Backpapier fließen lassen und im Kühlschrank 30 Minuten kühlen. Danach wird es in kleine 1 cm Stücke geschnitten. Die Schoki mit der Butter im Topf schmelzen, dann den Zucker, die Eier und Vanille und Mehl einrühren. Zum Schluss die Hälfte der Karamellstücke unterheben, die andere Hälfte obendrauf verteilen. Die Brownies werden in einer 20x20 cm Form bei 180 Grad C 25 Minuten gebacken. Nach dem Abkühlen in Stücke schneiden.

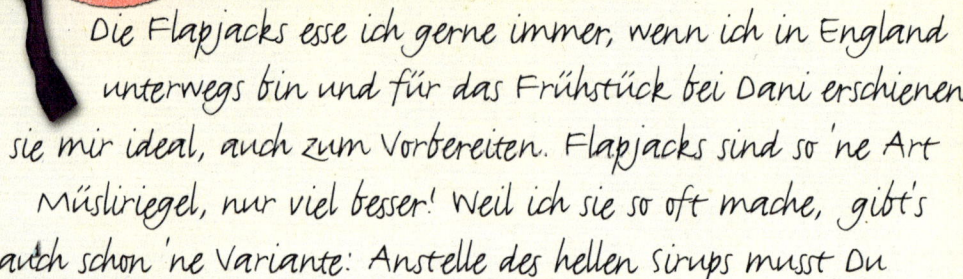

Flapjacks

Die Flapjacks esse ich gerne immer, wenn ich in England unterwegs bin und für das Frühstück bei Dani erschienen sie mir ideal, auch zum Vorbereiten. Flapjacks sind so 'ne Art Müsliriegel, nur viel besser! Weil ich sie so oft mache, gibt's auch schon 'ne Variante: Anstelle des hellen Sirups musst Du mal „Dulce de Leche" aus dem Glas ausprobieren.

Zutaten:

240 G BUTTER
180 G BRAUNER ZUCKER
230 G HELLER ZUCKERRÜBEN SIRUP
ODER DULCE DE LECHE
350 G KERNIGE HAFERFLOCKEN
1 PRISE SALZ
WENN DU MAGST
100 G CRANBERRIES
2 HANDVOLL GEMISCHTE NÜSSE
UND KERNE FÜR OBENDRAUF
(ICH HAB' SONNENBLUMENKERNE
UND MANDELSTIFTE GENOMMEN)

Die Butter mit dem Zucker und Sirup erhitzen, Haferflocken, Salz und evtl. Cranberries dazugeben. Die Masse in eine quadratische 23x23 cm Form füllen, evtl. Nüsse und Kerne obendraufstreuen und alles flach in die Form reindrücken. Bei 180 Grad C 30 Minuten backen. Die Flapjacks sind dann noch weich, die werden hart, wenn sie erkalten. Im warmen Zustand mit einem Messer in Quadrate oder Riegel schneiden, wenn Du magst in Packpapier wickeln und Schleife drum. Sie lassen sich in einer Dose super aufbewahren und transportieren.

Lemon Ricotta Pancakes

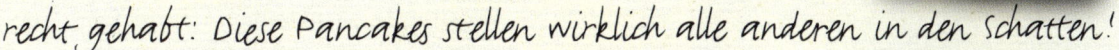

Ich bin ja immer stundenlang beim Friseur. Björn, der beruflich in New York gewesen ist, hat viel von dem Trip erzählt, aber am meisten wurden diese Pancakes von ihm beworben. Da wir beide ganz oft die gleichen Dinge mögen, war das natürlich ein heißer Tipp für mich, den ich austesten musste. Und er hat tatsächlich recht gehabt: Diese Pancakes stellen wirklich alle anderen in den Schatten!

Zutaten:

250 G RICOTTA
2 EIER
2 EL BRAUNER ZUCKER
200 ML MILCH
125 G MEHL
1 TL BACKPULVER
1 PRISE SALZ
SCHALE VON 2 ZITRONEN
SCHALE VON 1/2 ORANGE

Den Ricotta benötigst Du so trocken wie möglich, deshalb lasse ich ihn im Sieb erst mal 10 Minuten abtropfen. Die Eiweiße werden zusammen mit dem Zucker steif geschlagen. In einer anderen Schüssel kannst Du die Eigelbe mit der Milch verrühren, dann das Mehl, Backpulver, Salz und die Schalen dazugeben. Nun wird der Eischnee abwechselnd mit dem Ricotta untergehoben. Du solltest dann eine ganz leichte Masse erhalten haben. Mit etwas Butter werden die Pancakes in der Pfanne einzeln ausgebacken.

mit frischen oder gefrorenen Beeren

Lemon & Blueberry Cake

LECKER!

blaubeer
Kuchen
mit
Zitrone

Der Kuchen gehört auch zu meinem Stamm-Repertoire. Das beerenfarbene Icing ist der absolute Hingucker und schmeckt auch noch unglaublich. Immer wenn ich Kuchen einen Tag im Voraus backe, mache ich auch gleich das Icing, bestreiche den Kuchen aber erst kurz vor dem Servieren. Die Ballerinas obendrauf hab' ich über Etsy bestellt und für den Kaffeeklatsch mit Freundinnen dekoriert.

Zutaten:

KUCHEN
180 G BUTTER
180 G ZUCKER
3 EIER
1 TL VANILLE EXTRAKT
225 G MEHL
2 TL BACKPULVER
60 ML CREME FRAICHE
SCHALE VON 2 ZITRONEN
300 G BLAUBEEREN

Zutaten:

ICING OBENDRAUF
60 G BUTTER
230 G PUDERZUCKER
230 G FRISCHKÄSE
SCHALE 1 ZITRONE
3 EL BLAUBEER
MARMELADE
PUDERZUCKER
ZUM BESTÄUBEN

Die Butter wird mit dem Zucker und den Eiern schaumig gerührt. Danach kommt Vanille, Mehl und Backpulver dazu. Zum Schluss rühre ich die Crème fraîche, Zitronenschale und 2 Handvoll von den Blaubeeren von Hand unter. Die Menge reicht für eine 20 cm runde Form und wird 50 Minuten bei 180 Grad C gebacken. Für das Icing die Butter mit dem Zucker, Frischkäse und der Schale glatt rühren. Zum Einfärben vom Icing habe ich ein paar Löffel Marmelade genommen, sieht gut aus! Wenn der Kuchen kalt ist, kannst Du das Icing darüber verteilen. Zum Schluss noch die übrigen Beeren darüber und mit Puderzucker bestäuben. Auf den Fotos habe ich ihn weggelassen.

Schürze zum Muttertag

53

28

19

23

A 2,5

Bandlänge 68 cm
Jede Seite

Puh, was kann man der Mutter denn auch immer schenken, außer Blumen halt?! Da die Mama gerne im Garten arbeitet, kam ich auf die Schürzen-Idee! Ich hab' 4 verschiedene Stoffe dafür verwendet, und tatsächlich hat mich die Applikation mit den Blumen am meisten Zeit gekostet. Deshalb hab' ich schnell noch eine zweite ohne genäht, damit Du siehst, dass das auch super aussieht. Falls Du keine Lust hast, etwas drauf zu „patchen".

plus weitere Geschenke für
Debbie, Manni, Kalle und Kids

Hunde Leckerli als Kranz

Wie Du weißt, bin
ich ja eher der
Katzen-Typ und kenne mich mit Hunden so gar nicht aus. Jetzt gab es bei
mir aber im Freundeskreis einen völligen dog-overkill: 3 Freunde haben
sich beim Züchter einen Welpen gekauft beziehungsweise selbst Nachwuchs
bekommen! Zum ersten Besuch will ich ja dann auch gerne was mitbringen,
aber was bloß? Es musste also etwas gebacken werden! Ich hab' mir gleich
mal Ausstecher in Knochenform gekauft und nach Rezepten gesucht, bereit
irgendwelche Innereien klein zu schneiden etc. Aber der Trend scheint auch
bei Welpen in Richtung vegetarisch zu gehen! Überall hab' ich was mit
Apfelmus oder Peanut Butter gefunden ... und beim Welpenprobekeksessen
war ich sehr happy: Alles wurde sofort
aufgefressen!

Zutaten:

APFEL KÄSE LECKERLI

260 G VOLLKORNMEHL
45 G GROBE HAFERFLOCKEN
40 G GERIEBENER CHEDDAR
30 G GERIEBENER PARMESAN
80 G APFELMUS, UNGESÜßT
2 EL OLIVENÖL
3 EL WASSER

Aus allen Zutaten einen Teig herstellen, 1 cm dick aus-rollen und Kekse ausstechen. Bei 180 Grad C ca. 30 Min. backen, bis sie schön braun   obendrauf sind.

Zutaten:

PEANUT BUTTER LECKERLI

220 G PUMPKIN PÜREE
(AUS DER DOSE ODER
SELBST GEMACHT)
2 EIER
45 G GROBE HAFERFLOCKEN
360 G VOLLKORNMEHL
3 EL PEANUT BUTTER

Teigherstellung und Backen funktioniert genau gleich wie bei den Apfel Käse Leckerli.

Ich wollte mit den Keksen einen Kranz formen, weil das halt optisch schon sehr gut aussieht. Ich hab' dazu einen Ring aus Pappe geschnitten, mit Sackleinen bezogen und dann die Kekse mit Nadel und Faden darauf befestigt.

Die übrigen Kekse hab' ich dann in ein Glas mit Schraubverschluss gegeben. Als Gag wollte ich so eine Art Hundehalsband daran befestigen und hab' einen alten Gürtel von mir gekürzt. Den Deckel vom Glas und den kleinen Hundeanhänger habe ich mit Sprühlack farblich passend gemacht!

Da ich der Mama noch ein extra Geschenk machen wollte, hab' ich aus Stoffresten einen Hundeknochen für Debbie genäht. Die Form eines Knochens auf Papier gemalt, war mein Schnittmuster. Beim Nähen lässt Du einfach 5 cm an der Seite offen zum Wenden und Befüllen mit Watte. Das Loch nähst Du dann von Hand zu. Und dann musste noch Debbie's Name draufgestickt werden. Hab' ich abends beim Fernsehen gemacht ...

NO. ____

Franzbrötchen

Ich kenne sie von diversen Hamburg-Besuchen. Wenn ich dort bin, nehme ich auf jeden Fall eins mit. Selber gebacken hab' ich allerdings noch nie welche. Nun hat aber die freundliche Nachbarin Sarah Geburtstag, und ich weiß, dass sie voll heiß auf die Franzbrötchen ist (Sarah kommt ursprünglich aus Hamburg). Sie arbeitet eigentlich mit der folgenden Technik: Ist man in Hamburg, kauft man gaaanz viele ein, fährt schnell heim und friert sie ein. Ich weiß aber zufällig, dass ihre Gefriertruhe seit Monaten schon leer ist. Und das ist auch der Grund, warum ich welche gebacken hab'.

Zutaten:

TEIG

HELD

1 WÜRFEL HEFE
70 G ZUCKER
250 ML MILCH
500 G MEHL
70 G BUTTER
1 PRISE SALZ
SCHALE 1 ZITRONE

Die Hefe mit dem Zucker in warmer Milch auflösen. Lass' das Ganze 15 Minuten gehen. Danach die Mischung in das Mehl gießen und weiche Butter, Salz und Zitronenschale dazugeben. Daraus einen Teig kneten und für 1 Stunde gehen lassen.

Zutaten:
FÜLLUNG

A

200 G BUTTER
200 G BRAUNER
ZUCKER
4 TL ZIMT

alles   mischen

Ich hab' den Teig zu einem Rechteck ca. 30x25 cm gerollt. Die kalte Butter in dünnen Scheiben auf die Hälfte vom Teig legen. Die andere Hälfte darüberklappen und die Teigränder zusammendrücken, sodass nix rauskommen kann. Die Enden drunterklappen. Jetzt den Teig wieder auf ein 30x50 cm Rechteck ausrollen. Von der schmalen Seite her nun 1/3 Teig einklappen und vom anderen Ende ein weiteres Drittel drüberklappen, damit nun 3 Teigschichten übereinanderliegen. Das Ganze 20 Minuten kühlen. Danach auf 80x40 cm ausrollen. Mit Wasser bestreichen und der Zimt/Zuckermischung bestreuen. Nun die Teigplatte zu einer abgeflachten 6 cm breiten Rolle von der Längsseite her aufrollen. Achte darauf, dass die Naht vom Teig unten liegt. Mit einem Messer kannst Du jetzt 4 cm breite Stücke abschneiden.

Damit die Franzbrötchen ihre Form bekommen, musst Du mit einem Kochlöffelstiel parallel zur Schnittkante die Mitte fest eindrücken. Lass' die Franzbrötchen nochmal 20 Minuten gehen, bevor Du sie bei 180 Grad C 20-25 Minuten backst Das 2. Blech stellst Du am besten in den Kühlschrank, damit sie in der Zwischenzeit nicht zu stark aufgehen.

Laugenbrezeln

Für mich als Schwabe ist es natürlich eine Herausforderung, außerhalb des "Ländles" Laugenbrezeln zu bekommen. Ich kann jetzt nicht behaupten, dass die Brezeln genauso lecker schmecken wie vom Heimatbäcker (dazu fehlt mir wohl die Belaugungsmaschine, hab' mich schon erkundigt), aber immerhin: Ein bisschen Heimatgefühl kommt da schon auf! Die schmecken am besten frisch aus dem Ofen, noch warm. Eine kleine Abwandlung hat es dann noch gegeben: Außer Brezeln hab' ich Herzen geformt, zum Teil mit Schokolade überzogen und sprinkles obendrauf. Auch gut! Vielleicht sogar 'ne Idee für den Heimatbäcker??

Zutaten:

TEIG

250 ML WARMES WASSER
1 „PÄCKLE" TROCKENHEFE
1 EL ZUCKER
3 EL OLIVENÖL
515 G MEHL
1 TL SALZ

LAUGE

1,75 L WASSER
200 G NATRON

MEERSALZ ZUM BESTREUEN

Name des Empfängers

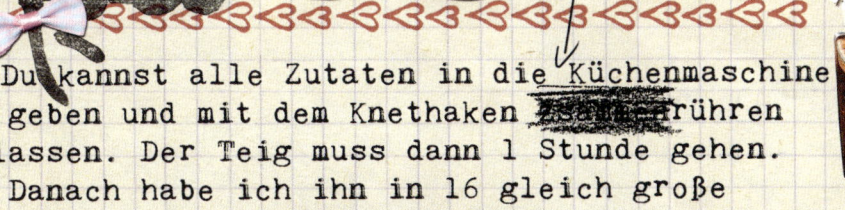

zusammen

Du kannst alle Zutaten in die Küchenmaschine
geben und mit dem Knethaken ~~zusammen~~rühren
lassen. Der Teig muss dann 1 Stunde gehen.
Danach habe ich ihn in 16 gleich große
Stücke geteilt. Aus jedem formst Du eine lange
dünne Wurst, für die Brezeln ca. 40 cm lang,
und für die Herzen reichen 30 cm.
Wichtig ist, die Enden gut zusammenzupressen,
damit die nicht aufgehen. Für die Lauge das Wasser
in einem größeren Topf kochen, dann langsam das
Natron einrieseln lassen (schäumt ganz arg auf!).
Deine vorgeformten Brezeln oder Herzen werden nun
durch Eintauchen in den Topf mit Lauge überzogen.
Ich hab' immer
zusammen 3 Stück
gleichzeitig in
den Topf gegeben
und nach 30 Sekunden
gewendet. Nach
weiteren 30 Sekunden
mit einem Schaum-
löffel auf das
Backblech legen
und mit dem Salz
bestreuen. Bei
180 Grad C
15 Minuten braun
backen. Wenn Du
willst, kannst Du
dann mit dem
Schokolade-
überziehen beginnen!

Schokoladen
Löffel
als
Namenskarten

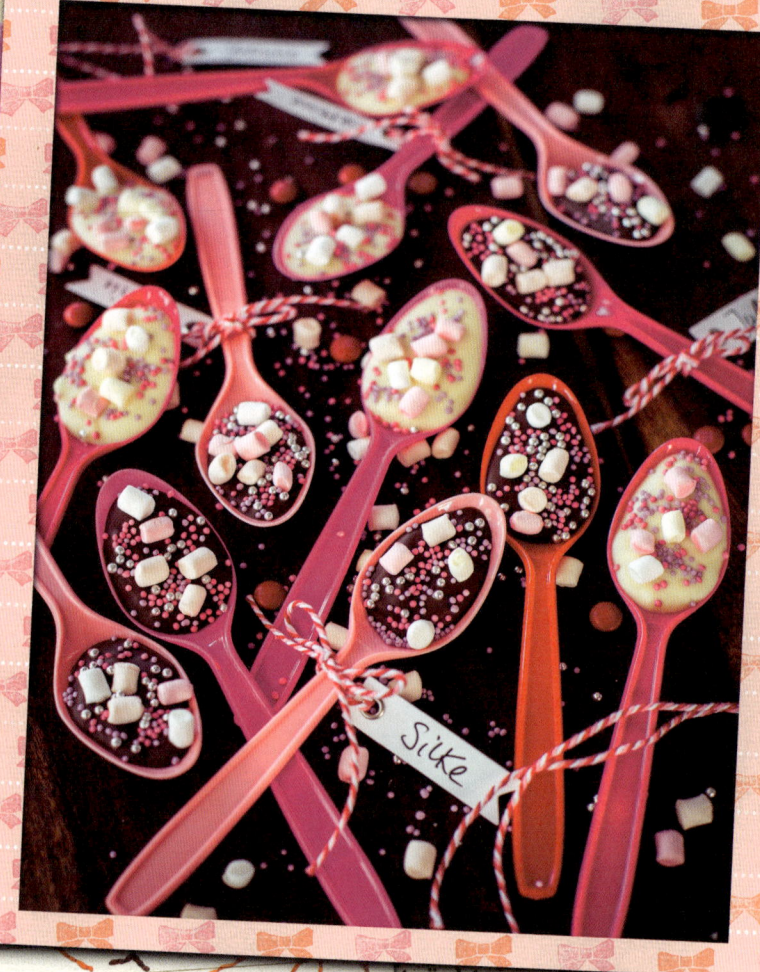

Jetzt habe ich hier die erste Idee aus der Kategorie Namenskarten für Dich. Dafür habe ich aus meinem Fundus Plastiklöffel in verschiedenen Rosa- und Rottönen verwendet. Eine Tafel dunkle und weiße Schokolade dazu und die Sprinkles-Schachtel brachte dann zusätzlich noch die Mini Marshmallows zu Tage. Ahhh ... ich war im Glück und konnte sofort beginnen.

Beim ersten Versuch habe ich den Löffel eingetunkt. Das sah aber nicht so gut aus. Es ist viel besser, die Schoki reinzugießen. Schnell Sprinkles drauf, dann noch Namens-schildchen rangebunden und auf den Tischen verteilt!

ätzücktes Miau von mir andere Katze zu. Sie floh aus te getäfelte Halle. Ich sauste sprang auf die alte Grossva- fröhlichem gegen die chah etwas erschwand, in dunkles at auf. Alle t, als sie den Loch in der Donnerwetter! samer Dinge!

Ça va ?

einfache Buttercreme

Ich habe das Geheimnis von leckerer Buttercreme gelüftet: Einfach Deinen Lieblingsaufstrich mit hineinmischen. Ich hab' es mit meinen 3 Favoriten aus dem Glas ausprobiert, Du kannst aber alles nehmen, was Du gerne magst. Die Muffins habe ich nach dem Rezept der Neopolitaner Törtchen von S. 74 gemacht, einen Kuchen kannst Du damit natürlich auch füllen ...

Zutaten:

150 G BUTTER
150 G ZUCKER
150 G LIEBLINGS-AUFSTRICH

Pharmacie **VAN LIER**
30, Rue St Jacques - NAMUR
TÉLÉPH. 20059
20145

SPEKU Latius

Nuss nougat Creme

Erdnuss Butter

FROGET-MARTIN

PANISSIÈRES (Loire)

Alle Zutaten zimmerwarm miteinander verrühren und in eine Spritztülle füllen und aufspritzen, oder einfach von Hand auf Muffins oder Kuchen auftragen.

eingefärbter New York Cheesecake

Angefangen hat es mit pürierten Erdbeeren: Ich wollte erst mal eine rosafarbene Käsemasse erreichen - obendrauf sollten dann noch Erdbeeren liegen. Danach gab es kein Halten mehr und ich hab' immer weiter gefärbt, gerne auch mit Brombeeren, wegen der lila Färbung natürlich! Zu Ostern hab' ich die Brombeertörtchen in einer Muffinback-form gebacken und nur die halbe Teigmenge eingefärbt, da reduziert sich die Backzeit auf 30 Minuten! Damit die Zweifarbigkeit erhalten bleibt, musst Du den hellen Teig vorsichtig auf den unteren löffeln! Wenn Du lieber pures Käsekuchen-Vergnügen haben willst, dann lasse einfach das Obst weg.

Zutaten:

BODEN
200 G BUTTERKEKSE, FEIN ZERKRÜMELT
50 G ZUCKER
115 G WEICHE BUTTER

FÜLLUNG
1 KG FRISCHKÄSE
200 G ZUCKER
30 G MEHL
5 EIER
80 ML SAHNE
SCHALE 1 ZITRONE
1 TL VANILLE EXTRAKT
OPTION OBST
100 G PÜRIERTE FRÜCHTE

Zutaten:

OBENDRAUF
240 ML SAURE SAHNE
30 G ZUCKER
1/2 TL VANILLE EXTRAKT

Wenn Du eine Küchenmaschine mit „Pulse"-Taste hast, gibst Du alle Zutaten für den Boden hinein, nach ein paar Sekunden hast Du dann gemixte Krümel in der Schüssel. Ansonsten einfach die Kekse von Hand zerkrümeln und alles zusammen-mischen. Fülle die Krümel in eine 23 cm runde Form ein und drücke sie fest an. Forme auch einen kleinen Rand mit 2,5 cm Höhe. Dann in den Kühlschrank stellen. Für die Füllung mische alle Zutaten von Hand in einer großen Schüssel. Das Schlimmste was passieren kann, ist, dass der Kuchen hinterher hässliche Risse bekommt. Das passiert, wenn Du zu viel Luft in die Füllung einarbeitest, deshalb rühre nur so viel bis alle Zutaten sich gemischt haben, möglichst auch nur mit einem Rührlöffel. Wenn Du Farbe reinbringen willst, kannst Du nun die pürierten Früchte dazugeben, dann wird alles in die Form gefüllt und bei 130 Grad C 75 Minuten gebacken. Um Risse zu vermeiden, stelle ich eine Schale mit Wasser auf den Boden in den Herd hinein. In der Mitte darf er dann noch ein bisschen wackeln, das wird fest, wenn er erkaltet. Danach kommt dann das Topping obendrauf und er muss nochmals für 15 Minuten in den Ofen. Lasse ihn langsam im abgeschalteten Ofen auskühlen.

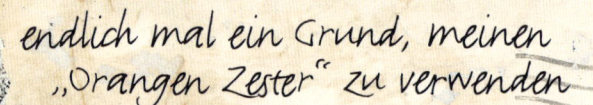

Orangen Honig Kuchen

Der Kuchen wird nach dem Backen noch mit einem Sirup getränkt, er ist daher super-saftig. Du wirst es kaum glauben, aber in Stuttgart war ich früher mal in der Faschings-Tanzgarde, lang ist es her. „Cheerleader" war ich nie, aber die haben in den USA ihre eigenen „Cake Topper", da musste ich gleich zuschlagen.

Zutaten:

TEIG
170 G BUTTER
340 G ZUCKER
3 EIER
2 TL ORANGENSCHALE, PLUS EXTRA FÜR DEKO
1,5 TL VANILLE EXTRAKT
300 ML SAURE SAHNE
375 G MEHL
2 TL BACKPULVER
1/2 TL NATRON
1 PRISE SALZ

SIRUP
10 EL ORANGENSAFT
150 G ZUCKER
2 EL GRAND MARNIER LIKÖR

ICING
60 G BUTTER
230 G PUDERZUCKER
230 G FRISCHKÄSE
1 TL VANILLE EXTRAKT
1 EL HONIG

Für den Teig die Butter mit dem Zucker schaumig rühren und danach die Eier, Schale, Vanille und saure Sahne dazugeben. Zum Schluss noch das Mehl mit dem Backpulver und Natron und Salz unterrühren. Der Teig wird in eine 23 cm runde Form gegeben und bei 180 Grad C 50-60 Minuten gebacken. Der Sirup geht ganz leicht. Einfach Saft und Zucker im Topf aufkochen. Abkühlen lassen und Likör dazugeben. In den noch heißen Kuchen pikse ich mit einem Holzstäbchen Löcher rein und bestreiche die Oberfläche mit dem Sirup. Während der Kuchen abkühlt, kannst Du das Icing vorbereiten. Einfach alle Zutaten zusammen aufschlagen, bis Du eine cremige Masse erreicht hast. Sobald der Kuchen abgekühlt ist kannst Du das Icing obendrauf verteilen. Dann habe ich noch einige Orangenschalenstücke dekorativ obendraufgestreut.

cake is the answer

eat more cake

Idee

kuchen flaggen

Als schnelle und schöne Tischdeko eignen sich diese Flaggen ganz toll. Ich hab' dafür Papierstrohhalme, Stoffreste und beidseitig klebbares Bügelvlies benutzt und jede Flagge mit einem Spruch bestempelt (davon gibt's ja genug!). Den Stoff hab' ich doppelt gelegt und er wird dank dem Vlies mit dem Bügeleisen an den Strohhalm geklebt.

mit Marmelade gefüllt

Pop-Tarts

Die Pop-Tarts wollte ich gerne mal selbst ausprobieren. Ich schaue gerade mal wieder die Serie Gilmore Girls und Lorelai toastet sich immer fertige aus dem Supermarkt auf. Ich wollte auch sehen, ob ich den Rand mit den Gabel- abdrücken gut hinbekomme.

Es war Zufall, dass ich zeitgleich auch noch für einen Geburtstag etwas backen wollte.

Deshalb kam mir die Idee zu versuchen, ob man die Pop-Tarts auch auf Stiele backen kann. Ich fand' es sehr einfach und es gab auch null Ausfall! Das Rezept kann ich dafür also nur empfehlen. Die weißen Backstiele habe ich nach dem Backen mit bunten Strohhalmen überzogen, und mit der Heißklebepistole verschiedene Labels drangeklebt. Happy Birthday!

Zutaten:

TEIG
315 G MEHL
30 G PUDERZUCKER
1/2 TL SALZ
155 G KALTE BUTTER
1 EIGELB
80 ML MILCH

FÜLLUNG 1 MARMELADE
JEDE, DIE DU MAGST
ICH HAB' SAUERKIRSCH
UND
BROMBEER GENOMMEN

GLASUR
125 G PUDERZUCKER
2 TL MILCH
1/2 TL VANILLE EXTRAKT
SPEISEFARBE ZUM EINFÄRBEN
SPRINKLES

FÜLLUNG 2 APPLEPIE
DAZU ALLES FOLGENDE IN EINEM TOPF
10 MIN KÖCHELN LASSEN.
2 ÄPFEL, GESCHÄLT UND SEHR KLEIN GESCHNITTEN
7 EL BRAUNER ZUCKER   2 TL ZIMT
2 TL ZITRONENSAFT   1 PRISE SALZ

In einer Küchenmaschine mit einer „Pulse"-Taste lässt sich der Teig am einfachsten machen, aber von Hand geht es natürlich auch. Ich gebe alle Zutaten bis auf die Milch in die Maschine und schalte sie an. Wenn alles klein gehackt ist, gieße ich die Milch von oben dazu.

Manchmal ist der Teig
zu trocken, dann gebe ich
1-2 El Milch dazu, bis eine Teigkugel entsteht. Den Teig
verteile ich auf 2 6l Gefriertüten und drücke ihn flach. Danach
muss er für mind. 1 Stunde in den Kühlschrank. Den kalten Teig
dünn ausrollen und die gewünschten Formen ausstechen. Die
Original Pop-Tarts sind ja viereckig, aber für die mit Stiel
sehen runde Ausstecher oder blumenförmige viel besser aus.
Du solltest darauf achten, Stiele zu kaufen, die man backen
kann, also keine Plastikstiele! Die untere Pop-Tart Hälfte mit
einem verquirlten Ei bestreichen, danach drücke ich den
Stiel hinein. Um sicherzugehen dass es hält, „klebe" ich ihn
mit einem kleinen Teig Viereck von oben an. Dann kommt die
Füllung drauf, und zum Schluss der Deckel. Wenn Du nichts aus
dem Deckel ausstichst, z. B. bei den Vierecken, musst Du ihn
mehrmals mit einer Gabel einstechen. Das Oberteil wird mit dem
Unterteil versiegelt, indem Du mit einer Gabel rundherum den
Rand zusammendrückst. Die Pop-Tarts werden bei 180 Grad C 22
Minuten gebacken. Auf den Vierecken hab' ich noch eine Glasur
verteilt und Sprinkles obendraufgestreut. Bei denen am Stick
fand ich es am schönsten, dass die Marmelade rausschaut.

Tisch-karten

Wenn Du mal Tischkarten oder noch mehr Namenskarten machen willst, kannst Du das vielleicht als Idee gebrauchen. Ich hab' sie für Biancas „schönen Frauen-Tag" gebastelt. Für die Labels mit dem Namen drauf benötigst Du einen „Puncher", buntes Papier, Stempel, Garn und Knöpfe. Die Tischkarten sind auf einem Klemmbrett befestigt und aus Stoffresten zusammengenäht. Die Blumenranke und die Muffins sind aus dem Stoff ausgeschnitten und mit Klebefolie aufgebügelt.

table 1

anne
ELISA
DIANA
joelle

8 9 10 1 2 3 4 5 6

backen mit love

table 2

DÖRTE
PAULA
CHRISTINA
HEIKE
JULIA
UTE

backen mit love

table 3

BIANCA
TINE   KATRIN
SANDRA
PIA
ELENA   behnaz

julia
steffi
elena
tine
BEHNAZ
ute
paula
DIANA
anne
CHRIS-TINA
DÖRTE
pia
elisa
BIANCA
SANDRA
KATRIN

galon fantaisie
les 5 mètres

VINTAGE

der Pink Flamingo darf natürlich nicht fehlen

HELLO summer

Love & Lemonade

Natural VI

...ter alter Katerfreund Jack hatte sich uns

Auf einer Party machen große Getränkespender immer etwas her. Du kannst nahezu alles einfüllen: Eistee, Wasser oder Limonade. Mein „Favourite" zur Zeit: iced Moroccan Mint Tea. Dafür grünen Tee mit marokkanischer Minze und Zitrone aufbrühen. Bunte Strohhalme nicht vergessen.

Frangipane Erbeertörtchen

Meine Nachbarin nennt sie einfach nur „die Törtchen mit dem Suchtfaktor"! Tatsächlich gibt es ganz viele Varianten, die Du alle aus diesem Rezept machen kannst: Zuerst sind da die Tartelettes aus Mürbeteig, die könntest Du auch so direkt schon verwenden, einfach mit Vanillepudding füllen, Obst drauf, fertig. Oder Du machst die Frangipane-Füllung, da kannst Du entscheiden: Mit Obst backen, oder Obst danach obendraufgelegt, oder aber ganz ohne, nur mit ein paar gehobelten Mandeln obendrauf, das wäre dann in England eine Bakewell Tart. Achte bei den Formen auf den herausnehmbaren Boden! Und ich benutze in den Formen immer Backtrennspray,   funktioniert super!

Friesche Rijwiel Centrale - Sneek
2e OOSTERKADE 8 · TELEFOON 2416

Zutaten:

2f

MÜRBETEIG FÜR 8 TARTELETTES
250 G MEHL
125 G BUTTER
125 G ZUCKER
1 EI
1–2 EL KALTES WASSER
SCHALE 1 ZITRONE
1 TL VANILLE EXTRAKT
ROTE MARMELADE FÜR
DEN BODEN

Für den Boden gibst Du alle Zutaten bis auf das Wasser in eine Küchenmaschine mit „Pulse"-Taste. Wenn sich der Teig noch zu trocken anfühlt, gibst Du das Wasser dazu. Das Gleiche gilt, wenn Du den Teig komplett von Hand machst.

Den Teig zu einer Kugel formen, platt drücken und eingewickelt in Folie mindestens eine 1/2 Stunde kühl stellen. Du musst ihn danach auf eine 3 mm Dicke ausrollen und damit die Tartelettes auslegen und mit einer Gabel mehrmals einstechen. Damit der Boden knusprig wird, backe ich die Tartelettes erst mal ohne Füllung 15 Minuten bei 180 Grad C vor. Geht auch in einer 23 cm großen Tartform 20-25 Min. Nach dem Backen verteile ich eine dünne Schicht Marmelade auf dem Boden.

Zutaten:

FRANGIPANE
100 G BUTTER
100 G ZUCKER
2 EIER
100 G MANDELN
45 G MEHL
1 EL AMARETTO, WENN DU MAGST
OBST ZUM MITBACKEN ODER BELEGEN
VANILLEPUDDING FÜR DAS BELEGEN
APRIKOSENMARMELADE ZUM BESTREICHEN
EVTL. PUDERZUCKER FÜR OBENDRAUF

Die Butter mit dem Zucker und den Eiern schaumig rühren. Danach kommen noch die Mandeln, das Mehl und optional der Amaretto dazu. Die Masse wird löffelweise auf den mit Marmelade bestrichenen Boden verteilt. Nicht zu viel einfüllen, sie geht beim Backen noch auf. Wenn Du Obst mitbacken willst, jetzt die Früchte darauf verteilen. Wenn Du die Tartelettes gar nicht belegen willst, kannst Du jetzt auch gehobelte Mandeln darüberstreuen. Bei 180 Grad C 25 Minuten backen. Zum Belegen verteile ich 1 El Vanillepudding auf den Tartelettes und verteile das Obst darüber. Danach koche ich 3 El Aprikosenmarmelade mit einem Spritzer Wasser auf und bestreiche das Obst mit dieser warmen Mischung.

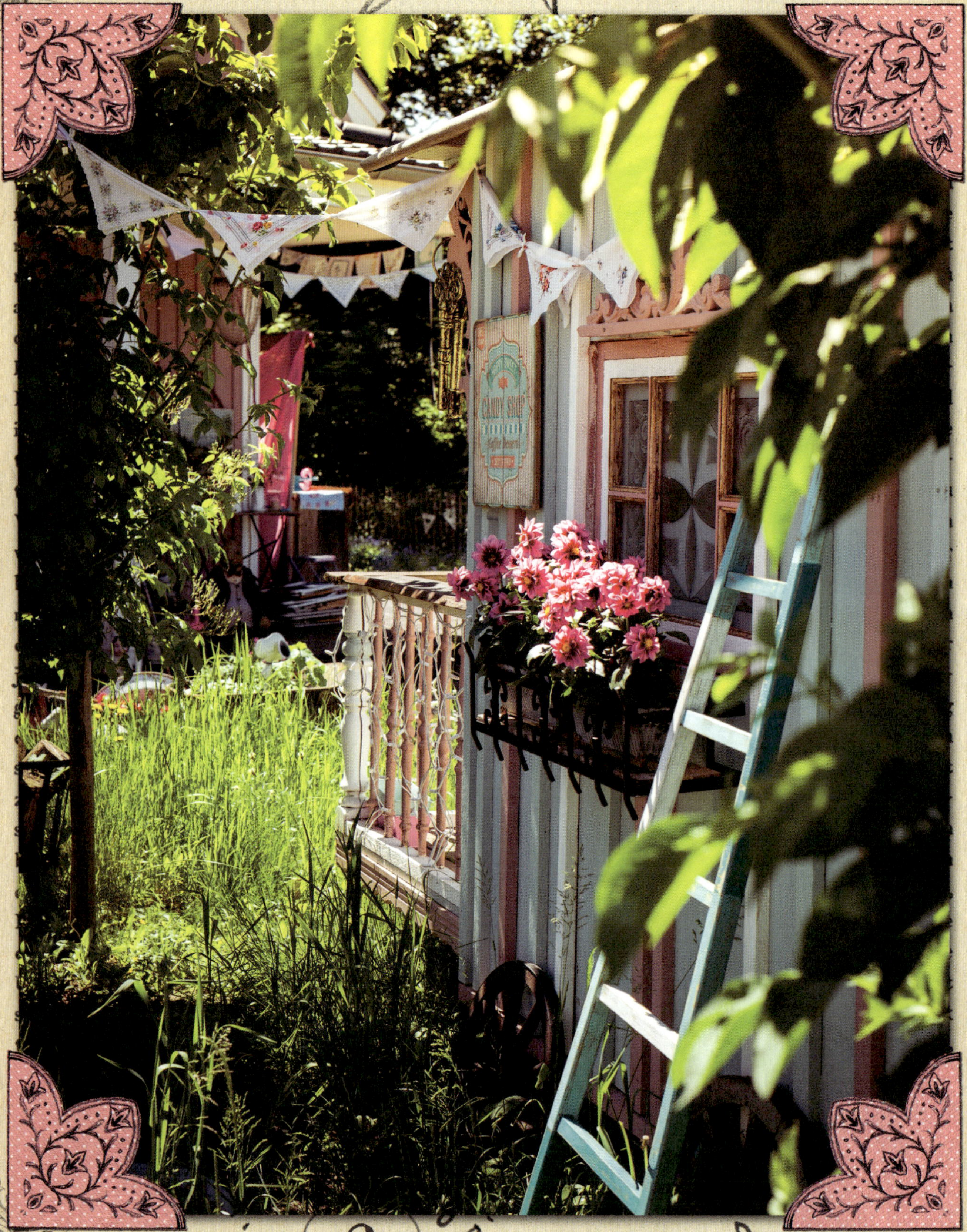
CANDY SHOP

Alte Taschentücher geben eine super Sommergirlande.

Die Lampenschirme hab' ich in England auf dem Flohmarkt gefunden. Und da wir mit dem Auto dort waren, gab es auch nicht so große Platzprobleme beim Transport.

so sieht's bei mir im Garten aus, wenn ich mal wieder im Urlaub auf dem Flohmarkt war.

Das L...
meinen ...
ich i...
...ze F...hls. ...zwischen ...
...äfelung war ein Zwischenra...
...g Zentimetern. Ich besah ...
...sor...ltig, aber ich entdeckte...
Ste...w... Dunkelheit. Ich e...
daran ...ch noch ein Sc...
ensembl... ...
...emeurant e... Und an...
...is demeurant ensem...
...urant ensemble à P...

solche Plätze, um wertvolle Gegens...
...rklich...
...n Stei...
...desse...
...hzuhe...
...enug,...

als ich saraa vor 6 jahren kennengelernt habe, hatte sie noch kein Tattoo ...

... heute hat sie sogar ihre Katze auf den Füßen & der Platz geht langsam aus

Classe de _S.b_
TÉMOIGNAGE DE SATISFACTION

Burger & Pommes mal anders

Oje, Saraa kommt vorbei! Das ist ja eigentlich ganz toll und ich freue mich auch ganz arg, jedoch: Die Herausforderung ist für mich groß! Denn die Saraa isst vegan! Also darf ich keine meiner üblichen Zutaten wie Eier oder Butter benutzen, und schmecken soll es auch! Da sie Pommes mit Ketchup liebt, wollte ich ihr das Lieblingsessen mal süß servieren und mit ein paar Hamburgern on top noch zum richtigen Fast-Food-Menü ausbauen.

Zutaten:

MUFFINS ALS BRÖTCHEN
AUFGESCHNITTEN
200 G ALSAN MARGARINE
200 G ZUCKER
4 TL ORGRAN NO EGG
VERMISCHT MIT 8 EL
WASSER (ERSETZT 4 EIER)
200 G MEHL
1,5 TL BACKPULVER
1 PRISE SALZ
100 ML VANILLESIRUP
(SIEHE SEITE 91)
SESAM FÜR OBENDRAUF

Die Margarine wird mit dem Zucker verrührt und das angerührte Sojamehl dazugegeben. Zum Schluss noch das Mehl, Backpulver und das Salz dazugegeben. Den Teig in ein Backblech mit Muffinvertiefungen füllen, etwas Sesam obendraufstreuen und 20 Minuten bei 180 Grad C backen. Je nach Größe werden das 8-10 Muffins. Nach dem Abkühlen kannst Du sie in der Mitte teilen.

Zutaten:

HAMBURGER PADDIES

150 G VEGANE ZARTBITTER SCHOKI

150 G ALSAN MARGARINE

250 G BRAUNER ZUCKER

3 TL ORGRAN NO EGG MIT

6 EL WASSER VERMISCHT

(ERSETZT 3 EIER)

1 TL VANILLE EXTRAKT

100 G MEHL

[weich]

BUTTERCREME

150 G ALSAN MARGARINE

150 G PUDERZUCKER

LEBENSMITTELGELFARBE,

ROT/GRÜN/GELB

SPRITZTÜTEN

Du kannst die veganen Zutaten auch durch Butter und Eier ersetzen.

Die Schoki mit der Margarine in einem Topf erwärmen. Den Herd ausschalten und den Zucker dazugeben, danach das angerührte „No Egg" und die Vanille. Zum Schluss noch das Mehl einrühren. Ich habe die Masse in einer 20x20 cm Form gebacken, bei 180 Grad C 30 Minuten. Für die Hamburger Paddies nach dem Abkühlen Kreise in passender Größe zu den Muffins ausstechen.

Für die Buttercreme einfach die Margarine mit dem Zucker verrühren und einfärben.

Die Margarine mit dem Zucker verrühren, die "No Egg" Mischung, das Mehl und die Vanille dazugeben und zu einem Teig kneten. Den Teig zu einer Kugel formen, in einen Gefrierbeutel geben, flach drücken und für 30 Minuten kühl stellen. Danach zu einer Platte ausrollen, 5 mm dick und in Pommes große Stücke schneiden. Bei 180 Grad C goldgelb backen (15 Minuten). Noch heiß in Zucker wenden. Ich hab' meine Pommes in kleine Tütchen mit Zeitungspapier Druck gefüllt.

Zutaten:

POMMES KEKSE
200 G ALSAN MARGARINE
200 G ZUCKER
1 TL ORGRAN NO EGG MIT
2 EL WASSER VERMISCHT
(ERSETZT 1 EI)
400 G MEHL
1 TL VANILLE EXTRAKT
ZUCKER ZUM WÄLZEN

Zusammenbauen: Den geteilten Muffin habe ich unten mit salatgrüner Buttercreme bespritzt, dann einen Brownie daraufgesetzt,

den habe ich mit senfgelber und ketchuproter Buttercreme bestrichen und dann den Deckel obendrauf. Ich hatte noch kleine japanische Sticks aus der Bentobox zur Deko da und die wie einen Zahnstocher reingepiekst.

Erdbeer Limes

Ahhh, das macht so arg Spaß! Erst mal aus Erdbeeren sowas Tolles und Leckeres herzustellen und dann noch mit Süßigkeiten so lustige Spieße zu machen! Den Limes hab' ich in diesem Sommer noch so oft gemacht, dass ich tatsächlich einen kleinen Wodka-Vorrat zu Hause hatte. Und wer mich kennt, weiß: Ich trinke ja nie Alkohol, aber diesen Erdbeer Limes ... yummy! Ich erwische mich ständig selbst dabei, wie ich nochmal ein Gläschen „probiere".

Zutaten:

500 G ERDBEEREN
250 ML WODKA
150 ML LIMETTEN- ODER ZITRONENSAFT
175 G ZUCKER MIT 175 ML WASSER AUFKOCHEN

Die Erdbeeren pürieren und den Wodka, den Zitronensaft und den Zuckersirup dazugeben. Kalt stellen und gekühlt servieren. Für die bunten Spieße hab' ich verschiedene Gummisüßigkeiten farblich hübsch auf Plastikspießen zusammengesteckt.

strawberry limes

cheers

Drink.

WEDDING

Mr.

Mrs.

and they lived Happily ever after

Mr.

Mrs.

&

B

SWEET TREATS

all you need is LOVE

and they lived Happily ever after

alte Teller mit Porzellanstift bemalt

Die Birgit wollte zu ihrer Hochzeit gerne kleine Erdbeertörtchen haben. Die Frage war natürlich wie man die schön präsentiert. Dafür war ich dann zuständig, und ich hab' zuerst mal begonnen, nach altem Holz zu suchen, um einen tollen Stand für die ganzen Kuchenplatten und sonstigen Accessoires zu haben.

PARTY

der „Cake Topper" hatte die falsche Farbe und ich habe ihn einfach übersprüht

All you need is love

100 sticks für Törtchen gestempelt und geklebt

Gläser und Vasen mit Banderolen beklebt

„Die-Cut" Motive für Banderole gestanzt

date Congratulations ON YOUR Wedding

love is sweet
BIRGIT ♥ CHRISTIAN
23.08.2014

Füllung für Kuchen oder auf Toast

Ananas- oder Lemoncurd

Lemoncurd kannst Du hier im Supermarkt leider nicht kaufen, deshalb mache ich es einfach selbst! Du kannst es auf Deinen Toast streichen, oder Kuchen damit füllen. Wenn ich es schon mal als Füllung vom Ingwerkuchen beim Tearoom angeboten habe (es ist immer ein Glas im Kühlschrank), wurde nachgefragt, was denn das Gelbe im Kuchen sei, haha! Das Ende vom Lied war, dass jeder Gast noch einen Löffel pur aus dem Glas genießen durfte.

Meine neueste Entdeckung: Man kann auch aus Ananas leckeres Curd zubereiten, das Rezept geht allerdings etwas anders.

LEMONCURD
Zutaten:

4 EIER
SAFT UND SCHALE VON
4 ZITRONEN
370 G ZUCKER
250 G BUTTERWÜRFEL
1 EL STÄRKEMEHL

Alle Zutaten im Wasserbad erhitzen und so lange köcheln lassen, bis es ungefähr wie Joghurt eingedickt ist. Das dauert bei mir so 20 Minuten. Danach siebe ich die Masse noch, damit ich auch keine kleinen Stücke in meinem Curd habe, und befülle Schraubgläser damit.

Am besten im Kühlschrank aufbewahren.

ANANASCURD
Zutaten:

300 G ANANASSTÜCKE
110 G ZUCKER
3 EIGELB
1 EL STÄRKEMEHL
150 G BUTTERSTÜCKE

Als Erstes die Ananas pürieren und danach durch ein Sieb streichen. Das wird dann mit dem Zucker, Eigelb und Mehl in einem Topf aufgekocht und bei mittlerer Hitze dick werden lassen. Zum Schluss noch die Butterstücke dazugeben und kurz weiterköcheln. Danach in Schraubgläser abfüllen und kühl aufbewahren.

mit soviel Geheimnissen! Ich wollte mir nun noch   Meine Pfoten spürten etwas. Ich bohrte sie

einmal d...

Du kannst auch eine Karte besticken. Ich male das Motiv auf Transparent-Papier und steche alle Löcher auf der Karte vor. Dann kommt erst der Faden.

Text und Sterne habe ich gestempelt.

DO WHAT MAKES YOU HAPPY!*

* kein Nachtisch ist auch keine Lösung

FROM:

photograph
what you love

TO:

Marmelade machen

strawberry

Keine Ahnung, ob Du jemals schon Marmelade gemacht hast? Wenn nicht, probiers' einfach aus, das ist nix schwieriges. Ich mache auch nie Unmengen davon, nur ein paar Gläser. Meine Mama hat früher gefühlt immer Tausende von Gläsern eingekocht, in riesigen Töpfen hat das geblubbert und es war der volle Hammerstress.

I Really. Really. Really.

LIKE IT A LOT.

LOVE IT!

NEED IT!

WANT IT!

Really Like This

Eat me

Wenn ich Marmelade mache, nehme ich übrigens immer braunen Zucker (keinen Gelierzucker) und Konfigel als Geliermittel. Kannst Du ja mal testen. Ansonsten hab' ich Fotos von den verschiedenen Gläsern mit den Etiketten gemacht. Spätestens jetzt hab' ich Dich hoffentlich soweit, das im Sommer auch mal zu probieren?!
Meine Lieblingsmarmelade?
schwarze Johannisbeere
... yummy!

Black Currant

summer 2014

Prudential Savings
AND LOAN ASSOC
576 WEST LAS TUNAS DRIVE
SAN GABRIEL, CALIFORNIA

Aneta und ich sind die wohl schlechtesten Gänsehüter, die es gibt. Sie sind uns ausgebüchst und kommen jetzt schnatternd ins Haus.

Mohnkuchen vom Blech

Eerste
dag van uitgifte
14 maart 1978
's Gravenhage

Die Geschichte dieses Mohnkuchens geht Jahre zurück, als Aneta und ich uns noch als Kollegen gegenübersaßen! Und immer wenn Aneta am Wochenende in Polen bei ihren Eltern war, kam sie montags mit einem Blech voller Mohnkuchen zurück. Wir standen dann alle schon spalier im Büro, denn wir wussten: Heute ist Mohnkuchentag!

Ich wollte damals schon das Rezept haben, aber wie das ja immer so ist mit den Müttern: Was Geschriebenes gibt's nicht, sie machen alles aus dem Kopf. Damit war klar: Will ich den Kuchen nachbacken, müssen wir die 800 km nach Polen fahren. Hat natürlich nie geklappt, aber letzten Sommer war es dann doch wirklich soweit, wir haben das Auto voll geladen und haben uns für 4 Tage bei den Eltern eingenistet.

Mein wichtigstes Utensil war: die elektrische Küchenwaage! Nix durfte ohne abzuwiegen in die Schüssel oder den Topf gelangen! Anetas Mama hat sich so arg gefreut, dass da jemand extra aus Deutschland wegen des Rezeptes kommt. Wir haben dann jeden Tag von morgens bis abends in der Küche gestanden, haben Sachen gebacken, püriert, gekocht oder eingeweckt. Ich stand als Lehrling immer mit der Waage und einem Stift daneben und hab' mitgeschrieben. Bis wir wieder heimgefahren sind, standen überall im Haus verteilt die fertig produzierten Sachen, wir waren gefühlt 10 kg schwerer und es gab keine leeren Schraubgläser oder Kuchenplatten mehr im Haus, alles war voll. Meinen Aufschrieb hüte ich natürlich wie einen Schatz und bei Bedarf könnte ich noch mit einem Buch über polnische Leckereien starten.

Zutat en:

HEFETEIG
1 WÜRFEL FRISCHE HEFE
200 ML LAUWARME MILCH
75 G ZUCKER
125 G BUTTER
2 EIER
500 G MEHL
1 PRISE SALZ
SCHALE 1 ZITRONE

Die Hefe in der warmen Milch auflösen und Zucker dazugeben. Lass das 20 Minuten gehen. Danach gibst Du alle anderen Zutaten dazu und knetest daraus einen Teig. Der muss nun erst mal für 'ne Stunde gehen. Danach wird er ausgewellt und ein Backblech damit belegt.

Zutaten:

MOHNBELAG

750 ML MILCH
600 G GEMAHLENEN MOHN
200 G ZUCKER
125 G BUTTER
3 EIER
1 PÄCKCHEN PUDDINGPULVER
      SAHNEGESCHMACK
PRISE SALZ
1 TL ZIMT
50 G WALNÜSSE ODER
      MANDELSTIFTE
100 G ROSINEN

'5 Liter Himbeer Marmelade

Die Milch mit dem Mohn, Zucker und Butter im Topf aufkochen und umrühren dabei, danach kommen noch die Eier, das Puddingpulver, Salz und Zimt dazu. Wenn Du magst, noch Nüsse und Rosinen. Die Masse etwas abkühlen lassen und auf den ausgewellten Hefeteig streichen.

STREUSEL

300 G MEHL
200 G BUTTER
125 G ZUCKER
1 TL VANILLE EXTRAKT

Aus allen Zutaten einen krümeligen Streuselteig machen und über die Mohnfüllung geben.
      Maria verteilt den Teig nicht klassisch als Streusel obendrauf, sondern zupft mit 2 Fingern kleine Stückchen Teig ab und legt die nebeneinander auf den Kuchen. Kannst Du natürlich auch so machen. Das Blech wird bei 180 Grad C 30 Minuten gebacken.

Backpause unterm Mirabellenbaum

Ich fand die Idee, kleine
3-Lagen-Törtchen zu machen,
sehr schön und hab' deshalb
Kreise aus Böden ausgestochen.
Eigentlich muss Neapolitan
ja Vanille, Schoki und
Erdbeergeschmack sein.
Aber: Die Erdbeeren im
Supermarkt sahen schon nicht
mehr so gut aus, deshalb
gibt's bei mir Neapolitan
mit Himbeeren!

Neapolitaner Törtchen

aus Schokoteig

Zutaten: TEIG

170 G BUTTER
460 G DUNKELBRAUNER ZUCKER
3 EIER
2 TL VANILLE EXTRAKT
220 G MEHL
1 TL BACKPULVER
1,5 TL NATRON
90 G KAKAO
1 PRISE SALZ
360 ML BUTTERMILCH
60 ML SAURE SAHNE

Ausgabe gegen diesen Schein
Bitte der Bedienung geben

FRISCHE
HIMBEEREN
ZUR DEKO

Butter mit Zucker schaumig rühren.
Danach kommen die Eier und Vanille daz[u]
Zum Schluss die trockenen Zutaten (Mehl
Backpulver, Natron, Kakao, Salz) abwechseln[d]
mit der Buttermilch und der sauren Sahne
dazugeben. Den Teig in 3 runde 20 cm
Formen füllen und bei 180 Grad C 30 Minuten
backen. Wenn Du lieber einen Kuchen aus
den Böden machen möchtest, dann lass
einfach das Ausstechen der Törtchen weg.

Ich habe runde Ausstecher in den Größen 6 cm, 5,5 cm und 4 cm genommen. Am Ende ist es praktisch, wenn Du von jeder Größe natürlich gleich viele Böden ausgestochen hast!

Für die Creme muss die Schüssel fettfrei sein, deshalb reibe ich sie vor dem Start noch mal mit Zitronensaft aus. Dann kommt das Eiweiß und der Zucker rein. Das Ganze im Wasserbad solange unter ständigem Rühren erhitzen, bis sich der Zucker vollständig aufgelöst hat und die Masse sich heiß anfühlt. Nun kannst Du die Eiweißmischung in der Küchenmaschine kalt schlagen, der Boden der Schüssel sollte sich nicht mehr heiß anfühlen und die Masse muss dicklich-glänzend sein. Das dauert 15 Minuten. Du darfst die Butter auch nicht vorher reingeben, sonst trennt sich die Masse. Dann kannst Du bei niedriger Stufe Butterstücke dazugeben, nur solange schlagen, bis die ganze Butter verarbeitet ist. Sollte sich die Masse trennen, war es zu warm, stelle einfach die Schüssel 15 Minuten in den Kühlschrank und schlage danach weiter. Dann kommt noch Vanille und Salz dazu. Die Butter-creme in 3 Teile teilen. Für die Schoki Creme musst Du 150 g flüssige Schokolade einrühren und für die Himbeer Creme das Püree. Danach die Cremes in Spritztüten füllen, vorne abschneiden und große Tupfen auf die Böden spritzen. Wenn Du einen Kuchen machst, kannst Du die Creme natürlich auch mit einem Spatula auf die Böden auftragen und nur einen Rand mit der Spritztülle spritzen.

Tipp

Zutaten:

SWISS MERINGUE BUTTERCREME
5 FRISCHE EIWEIß
250 G EXTRA FEINER ZUCKER
340 G BUTTER, ZIMMERTEMPERATUR
2 TL VANILLE EXTRAKT
1 PRISE SALZ
150 G ZARTBITTER SCHOKI
30 ML HIMBEERPÜREE (AUS ZERDRÜCKTEN HIMBEEREN)

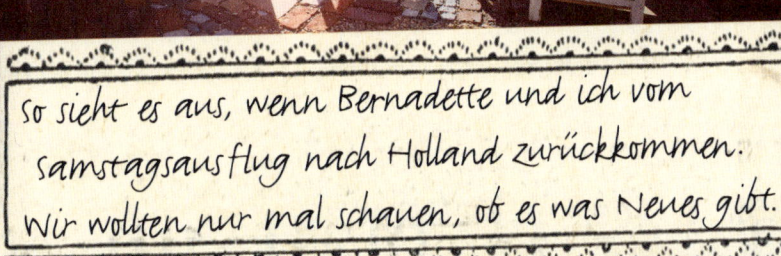

So sieht es aus, wenn Bernadette und ich vom Samstagsausflug nach Holland zurückkommen. Wir wollten nur mal schauen, ob es was Neues gibt.

Für den Mädchen-Nachmittag sollte es ein ganz besonderes Ambiente sein: ein Zelt aus Ästen und mit alten Stoffen bespannt! Da war der Kuchen fast schon Nebensache.

Schokokuchen
(Rezept von
Neapolitaner-
Törtchen von
S. 74)

uf der Wupper – ... ire, sind nicht sehr ange-
... Mündung ... ... Und davor sitzen,
... an, w... ... ... nette und
fla... ...Flos... ... ... ielen noch
rot... ... a... ... ... sich über
zier... ...Eig... ... ... vier kleine
ich ... ... bewach... ... ... erschöpft der
Schrecken der von seinem Namen ausgeht reich... ... ... und mü...
vollkommen aus. Niemand kommt i... ... ...
In dieser Nacht ... ich a... ...
Geräus...

Falls Du Lust auf
einen Kuchen mit
Buttercreme hast,
eignet sich das
Rezept der
Neapolitaner Törtchen
auch sehr gut.
Für die Buttercreme
benötigst Du die
doppelte Menge, da Du
den Kuchen zusammen-
setzt und außen zum
Verzieren auch noch was
brauchst. Ganz wichtig
sind die Farben! Ich
hab' sie auf den
Tintenfisch abgestimmt,
3 mal Pastell und
innen durfte er
himbeerrosa sein!
Ich färbe immer
mit Gelfarben! Den „Swirl"
seitlich einfach richtig dick
auftragen und dann locker
verstreichen. Mit einer
runden Platte zum Drehen
darunter geht's leichter.

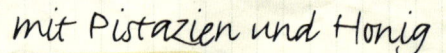

mit Pistazien und Honig

warmer Nektarinenkuchen

Irgendwann gibt es die reifen Nektarinen immer im Überfluss im Supermarkt. Ich hatte dann auch schon Marmelade daraus gemacht, Kompott auch und wollte gerne einen Kuchen ausprobieren. Mit dem zusätzlichen Obst obendrauf, sieht er gleich nochmal viel toller aus! Der schmeckt warm einfach am besten! solltest Du ihn also am Vortag backen, kann er vor dem Servieren im Ofen kurz nochmal aufgewärmt und danach „getoppt" werden.

Zutaten:

350 G NEKTARINEN,
PLUS 2 FÜR OBENDRAUF
225 G BUTTER
150 G ZUCKER
3 EIER
75 G HONIG, PLUS ETWAS
ZUM DRÜBERTRÄUFELN
225 G MEHL
2,5 TL BACKPULVER
100 G PISTAZIEN, PLUS
WELCHE FÜR OBENDRAUF,
GEHACKT
2 EL BRAUNER ZUCKER
FÜR OBENDRAUF

Halbiere die Nektarinen, entferne den Stein und schneide sie in Stücke. Die Butter wird mit dem Zucker schaumig gerührt, danach kommen die Eier und der Honig dazu. Das Mehl mit dem Backpulver und die Pistazien werden zum Schluss dazugegeben. Von Hand hebe ich dann die Nektarinen unter. Die Masse füllst Du nun in eine runde 23 cm Form und streust noch braunen Zucker obendrauf. Der Kuchen benötigt bei 180 Grad C 1 Stunde. Danach muss er etwas abkühlen, bevor Du ihn auf eine Kuchenplatte legst. Zum Servieren werden dann die restlichen Nektarinenstücke und Pistazien obendrauf drapiert und mit etwas Honig beträufelt.

„Tea Cozy" Kannenwärmer

Ein „Tea Cozy" nähe ich sehr gerne, weil es schnell geht. Zum Wärmen nehme ich „gequilteten" Stoff, den ich unten mit einem Tape versäubere. Für obendrauf schneide ich aus einer alten bestickten Tischdecke zwei Halbkreise zu. Der lustige

26cm

36cm

Pompom in passender Farbe macht das Ganze komplett und der Tee bleibt künftig warm.

gefüllt mit Vanillepudding

Rhabarber Kuchen

Standardmäßig backe ich mit dem Rhabarber immer einen Crumble, also Frucht unten und süße Streusel obendrauf. Aber ich war noch auf der Suche nach einem richtigen Kuchen, diesen Sommer sollte es außer Crumble noch etwas anderes geben, und es sollte was mit Vanillepudding sein. Am besten eine ganze dicke Lage davon im Kuchen, und nach ein paarmal Probebacken habe ich es auch so hinbekommen, wie ich wollte. Der Pudding wird fertig gekocht, abgekühlt und dann noch reingeschichtet und mitgebacken. Die langen Rhabarberstängel obendrauf hab' ich dekorativ im Kreis gelegt.

Zutaten:

200 G BUTTER
110 G BRAUNER ZUCKER
2 EIER
185 G MEHL
2 TL BACKPULVER
1 PÄCKCHEN VANILLEPUDDINGPULVER
5 STANGEN RHABARBER
(3 IN 1 CM STÜCKE, 2 IN 10 CM STÜCKE GESCHNITTEN)

Zutaten:

FÜR OBENDRAUF
20 G BUTTER
5 TL BRAUNER ZUCKER

VANILLEPUDDING
1 PÄCKCHEN VANILLEPUDDINGPULVER
2 EL ZUCKER
500 ML MILCH
DEN PUDDING NACH
PACKUNGSANWEISUNG ZUBEREITEN
UND ABKÜHLEN LASSEN

Die Butter mit dem Zucker schaumig rühren, danach Eier hinzufügen. Nun die trockenen Zutaten dazugeben (Mehl, Backpulver, Puddingpulver). Von Hand die kleinen Stücke Rhabarber unterheben. Die Hälfte vom Teig in eine 22 cm runde Form füllen und glatt streichen. Danach den Pudding vorsichtig darüber verteilen und darauf den restlichen Teig geben. Obendrauf habe ich die langen Rhabarberstücke kreisförmig angeordnet und alles mit der Butter bestrichen und Zucker darübergestreut. Der Kuchen wird bei 180 Grad C 60 Minuten gebacken.

Für die Teekannenuntersetzer habe ich noch passende Teebeutel genäht. Um das Projekt zu vereinfachen, habe ich bereits gequilteten Stoff benutzt und verschiedene Sprüche gestempelt und aufgenäht. Die Outline habe ich mehrmals mit kontrastigem Garn genäht.

An meinen Rosenbogen habe ich Bänder,
„Wabenbälle" und „Paper Fans" befestigt.
Das ist natürlich nur was für einen super
Sonnentag! Nur die Bänder hab' ich bis
heute hängen lassen, weil's so schön aussieht.

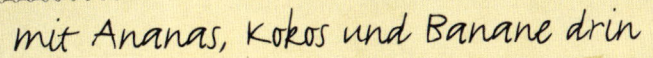

mit Ananas, Kokos und Banane drin

Hummingbird Muffins

In meinem Lieblingscafé in London probiere ich natürlich immer was Neues aus, wenn ich dort bin. Und an einem Tag hat mich ein Muffin sehr angelacht, der hatte ein Schild dran: Crack Cake?! Auf meine Frage, wie er denn schmeckt oder was das sei, war die Antwort: „schmeckt wie Karottenkuchen nur ohne Karotte". Okay, die Antwort war eigenartig genug, sodass ich ihn unbedingt probieren musste. Am Wochenende darauf hatten sich meine Freundinnen Heidi und Brigitte aus der Heimat angekündigt. Immer wenn die kommen, melden sie auch Essenswünsche an, wie z. B. „der Reis mit der Kruste dran". Beim Nachmittags-kuchen gab es keine speziellen Wünsche, ich weiß aber, dass die beiden den Carrotcake sehr gerne mögen. Also gab es diese Muffins. Ergebnis vom Testessen: schmeckt wie Karotten-kuchen nur ohne Karotte!

Zutaten: 113 Bleu

TEIG

180 ML ÖL

2 EIER

220 G BRAUNER ZUCKER

300 G ANANAS AUS DER DOSE, ABGETROPFT UND ZERKLEINERT

2 REIFE BANANEN, ZERDRÜCKT

225 G MEHL

2 TL BACKPULVER

1/2 TL NATRON

2 TL ZIMT

50 G GERASPELTE KOKOSNUSS

50 G GEHACKTE WALNÜSSE

GEHOBELTE KOKOSNUSS FÜR OBENDRAUF

TOPPING

175 G FRISCHKÄSE

120 G BUTTER

440 G PUDERZUCKER

1 TL VANILLE EXTRAKT

Das Öl wird mit den Eiern und dem Zucker verrührt. Die Flüssigkeit aus der zerkleinerten Ananas herausdrücken, das geht am besten in einem Sieb. Dann kannst Du die Ananas und die zerdrückte Banane dazugeben. Zum Schluss kommen noch alle trockenen Zutaten dazu: Mehl, Backpulver, Natron, Zimt, Kokos und Nüsse. Ich habe den Teig in 12 Muffinförmchen verteilt, Du kannst natürlich auch eine 23 cm runde Form verwenden. Die Muffins brauchen bei 180 Grad C 25 Minuten, der Kuchen ca. 50-60 Minuten. Für das Icing einfach alle Zutaten zusammenrühren. Danach auf den erkalteten Muffins/Kuchen verteilen und noch gehobelte Kokosnussstücke daraufstreuen.

„Royal Icing oder Fondant lassen sich einfach mit Lebensmittelfarbe und einem Pinsel bemalen.

Den realistischen Blumeneffekt erzielst Du, indem Du das Grün und das Rot einmal in hell und einmal in dunkel verwendest. Mit Hell malst Du den ganzen Hintergrund und darüber mit Dunkel nur die Kontur.

Die Anne wollte gern ihren Geburtstag bei mir feiern und da ich ja selbst immer mit meinem Geburtstag so ein Riesentrara veranstalte, nehme ich auch die Deko anderer Geburtstagskinder sehr ernst! Am tollsten sind die kleinen Schleich-Tiere mit den Partyhüten obendrauf.. Nicht zu vergessen natürlich der kleine N.Y.-Cheesecake (halbe Menge in 15 cm Backform gebacken) mit Himbeeren, und auch die Victoria Sponges (Wedding-Cake-Rezept als Muffin gebacken und mit Buttercreme bestrichen) mit bunten Sprinkles bestreut.

Der Mann am Seil

**Buchhülle
selbst
nähen**

Die Fertigen zum Kaufen gefallen mir nicht.
Zum selbernähen ist der Schnitt ganz einfach. Die Breite
ist: von Kante zu Kante über den Buchrücken + 2×5 cm
Einschlag + 1 cm + 2× Nahtzugabe. Die Höhe ist:
Buchhöhe + 1 cm + 2× Nahtzugabe. Meine Lieblingsstoffe
für Hüllen habe ich aus dem Urlaub aus Tokio mitgebracht.

Rosinenbrot

Ich weiß noch, als ich das Rosinenbrot das letzte Mal gebacken hab':
Das war der Tag, an dem mir der Kuchen ausgegangen war. Ein schrecklicher,
Tag denn Kuchen darf bei mir niemals ausgehen! Das konnte nur passieren,
weil der eigentliche Kuchen bereits am Vortag wegschnabuliert wurde. Ingo,
unser Bäcker, der uns das Brot bringt, hatte auch keine von seinen berühmten
Nussecken mehr. Es musste also was schnelles her, mit Zutaten aus dem
Schrank. Somit wurde zackig ein Rosinenbrot gebacken. Und ich hab' Glück
gehabt: Mein Besuch, Kristina aus Hamburg, mag Rosinen, puh!

Zutaten:

390 G MEHL
40 G ZUCKER
1 TL NATRON
1 TL SALZ
40 G KALTE BUTTER,
IN STÜCKEN
360 ML BUTTERMILCH
100 G KORINTHEN

In einer Küchenmaschine mit „Pulse"-Taste gibst Du das Mehl, den Zucker, das Natron, Salz und die Butterstücke hinein. Mixe alles zusammen, bis Du eine krümelige Masse hast und gebe dann die Buttermilch dazu, bis ein Teig entstanden ist. Gebe den Teig auf eine Arbeitsfläche und knete die Korinthen unter. Forme ein kleines rundes Brot und backe das bei 180 Grad C 45 Minuten. Es schmeckt warm ganz toll mit ein bisschen Butter drauf.

Hochzeitstorte

Das ist eine Hochzeitstorte nach meinem Geschmack: Vanille Kuchen, Erdnussbuttercreme mit Karamell übergossen und noch Popcorn obendrauf! Es war zwar jede Menge Arbeit, aber es hat sich gelohnt! Das war natürlich nur möglich, weil sich Braut und Bräutigam auf diese Idee der Hochzeitstorte eingelassen haben! Ich war richtig im Glück, dass ich das mal ausprobieren durfte! Danke, liebe Sarah und Marcus, danke!

Zutaten:

VANILLE VICTORIA SPONGE
200 G BUTTER
200 G ZUCKER
4 EIER
200 G MEHL
1,5 TL BACKPULVER
1 PRISE SALZ
1 TL VANILLE EXTRAKT
100 ML VANILLESIRUP

SWISS MERINGUE BUTTERCREME MIT ERDNUSSBUTTER
6-FACHE MENGE, REZEPT SIEHE NEAPOLITANER TÖRTCHEN S.74 PLUS
500 G WEICHE ERDNUSSBUTTER
3 EL AHORNSIRUP

Butter mit Zucker schaumig rühren, Eier dazugeben. Dann das Mehl mit dem Backpulver und Vanille und das Salz zugeben und verrühren. Teig und Sirup reichen für eine 20 cm runde Form. Bei 180 Grad C ca. 45 Min. backen. In den noch heißen Kuchen mit einem Holzstäbchen Löcher reinpieksen und mit dem Sirup bestreichen. Für die Hochzeitstorte habe ich Kuchen mit 14/20/24 cm Durchmesser gebacken. Du kannst das Rezept ja ganz einfach verdoppeln oder -dreifachen oder halbieren. Wenn ein Boden zu hoch geworden ist, habe ich ihn entsprechend "niedriger" abgeschnitten. Du musst nach dem Backen jeden Boden sowieso begradigen, denn der Teig wird ja in der Mitte aufgehen. Für die Torte benötigst Du aber absolut flache und gerade Böden. Alle Böden am besten am Tag vorher backen, damit sie über Nacht stehen können, dann krümelt es auch nicht so stark beim Begradigen.

VANILLESIRUP
5 EL WASSER
75 G ZUCKER
MARK VON 1/2 VANILLESCHOTE

Wasser mit Zucker aufkochen, Vanillemark dazugeben. Am besten über Nacht stehen lassen.

KARAMELL

180 G ZUCKER
250 ML SAHNE, VORGEWÄRMT
30 G BUTTER
1 TL ZIMT

Den Zucker im Topf erhitzen ohne zu rühren. Warte, bis er flüssig wird und eine goldene Farbe bekommt. Sobald er ganz flüssig ist, kannst Du die Sahne hinzufügen. Ständig weiterrühren, zum Schluss die Butter dazugeben, solange kochen, bis es dickflüssig ist. Den Zimt zugeben. Nach dem Erkalten wird das Karamell noch fester! Für die Torte auf dem Foto habe ich 3 Portionen Karamell hergestellt.

KARAMELL ÜBERZOGENES POPCORN MIT ERDNÜSSEN

200 G MAISKÖRNER FÜR POPCORN
115 G BUTTER
170 G ZUCKERRÜBENSIRUP
100 G BRAUNER ZUCKER
1 TL VANILLE EXTRAKT
400 G ERDNÜSSE, UNGESALZEN
1 TL SALZ
1 DOSE GESÜßTE KONDENSMILCH

Popcorn herstellen (steht oft auf der Maispackung). Butter, Zuckerrübensirup, Zucker und Vanille Extrakt in einem Topf 4 Min. aufkochen. Erdnüsse und Salz dazugeben und 2 Min. mitkochen. Kochplatte ausschalten und die Kondensmilch einrühren. Popcorn mit dem Karamell mischen und auf ein Backblech geben. Bei 180 Grad C 15 Minuten backen, nach 7 Minuten Popcorn wenden, damit es gleichmäßig gebacken wird.

Für das Zusammensetzen benötigst Du für jede Etage mit neuem Durchmesser ein „Cake Board" auf dem der Kuchen liegt. Das ist wie ein flacher Kuchenteller aus festem Karton. Die "Cake Boards" können auch etwas größer als der Kuchen sein. Das kannst Du später gut mit dem Popcorn kaschieren. Damit die Torte stabil wird, brauchst Du für diese Höhe auf jeder "Cake Board" Etage je 5 kleine Holzstäbe, die genau auf den Abstand zwischen den Boards abgesägt sind. Jetzt kann's losgehen. Größtes Board, 1. Boden, Buttercreme, 2. Boden, Buttercreme, 3. Boden, Buttercreme, "Holzdübel" rein und Karamell dekorativ seitlich laufen lassen. Dann zweites Board darauf und weiter so viele Lagen, wie Du möchtest. Zum Schluss mit Popcorn oben und an den Seiten dekorieren. Puh! Ganz schön knifflig, aber toll!

Holzstäbe

Buttercreme

Victoria Sponge Boden

Cake Board

Oktober ist meine Entschul-
digung alles! mit Kürbis
zu machen...

Happy Fall!

mit Ingwer Keksboden

2 Lagen Kürbis Käsekuchen

Wenn ich im Kürbisfieber bin, bleibt natürlich auch der Käsekuchen nicht verschont. Und der Keksboden sollte unbedingt aus Ingwerkeksen sein. Ich hatte die leckeren aus England im Kopf ... hmm. Nach langwierigem Suchen im Heimat-Supermarkt war dann schnell klar: Gibt's hier nicht, Internet war zu teuer, also musste ich die Kekse für den Boden auch noch selbst backen! Dafür bleiben aber einige übrig, die ich aus der Dose dann noch 1 Woche später in den Tee getunkt habe ...

Zutaten:

INGWERKEKSE

220 G BRAUNER ZUCKER
180 ML SONNEN-
BLUMENÖL
85 G ZUCKERRÜBENSIRUP
1 EI
260 G MEHL
2 TL NATRON
1/4 TL SALZ
1/2 TL NELKEN,
GEMAHLEN
1 TL ZIMT
1 TL INGWER, GEMAHLEN
70 G WEIßER ZUCKER
ZUM WÄLZEN

Für die Kekse Zucker, Öl und Sirup zusammenrühren. Ei dazugeben und danach die trockenen Zutaten (Mehl, Natron, Salz, Gewürze). Nun kannst Du kleine Kugeln formen. Die werden beim Backen automatisch flach. Ich hab' 35 Stück herausbekommen, die werden noch im Zucker gewälzt. Danach kannst Du sie bei 180 Grad C 12 Minuten backen.

BODEN
180 G INGWERKEKS-
KRÜMEL
60 G BUTTER

Zutaten:

KÄSEKUCHEN
240 G FRISCHKÄSE
300 G ZUCKER
4 EIER
1 TL VANILLE EXTRAKT
220 G KÜRBISPÜREE
(FRISCH ODER DOSE)
1,5 TL INGWER, GEMAHLEN
2 TL ZIMT
1/4 TL MUSKAT, GEMAHLEN

Die Krümel mit der Butter mischen und in eine 23 cm runde Form drücken. Einen Rand mit 2,5 cm Höhe formen. Im Ofen bei 180 Grad C 10 Minuten backen.

Den Frischkäse mit dem Zucker, den Eiern und der Vanille mit einem Schneebesen glatt rühren. Davon habe ich ungefähr 3 Schöpflöffel auf den gebackenen Teigboden gegeben. Die restliche Masse wird mit dem Kürbis und den Gewürzen vermengt. Das nun vorsichtig über die Käsemasse in die Form löffeln. Bei 180 Grad C 1 Stunde backen.

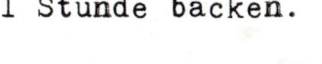

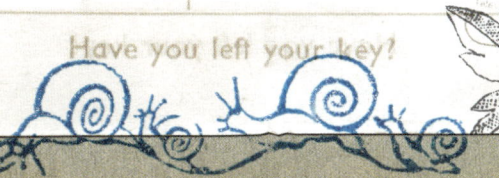

Zum Kaffee gibt's heute Kürbiskuchen

Pumpkin Coffee Cake mit Streuseln

Das ist mein Lieblingskaffekuchen im Herbst!

Der geht ganz schnell, ich hab' eigentlich immer alles im Haus (Pumpkin-Püree aus der Dose) und jeder mag ihn. Nach wie vor kann ich das Pumpkin-Püree nicht im deutschen Supermarkt finden.

Es gibt also 2 Möglichkeiten: im Internet bestellen oder sich den Hokkaido kaufen, schneiden, weich kochen und pürieren. Hmm, es fällt mir noch 'ne 3. Möglichkeit ein: Den Mann davon zu überzeugen, den Sommerurlaub in England zu verbringen und mit dem Autozug rüberzufahren.

Dort eine ganze Stiege Dosen auf Vorrat kaufen und im Auto heim transportieren. Ja, das könnte man wohl auch machen ... hehe.

Zutaten:

STREUSEL

90 G MEHL
100 G BRAUNER ZUCKER
2 TL ZIMT
85 G BUTTER
110 G GERÖSTETE &
GEHACKTE PECANNÜSSE
(ODER ANDERE,
WAS DU HALT DA HAST)

Zutaten: TEIG

115 G BUTTER
200 G BRAUNER ZUCKER
2 EIER
110 G PUMPKIN PÜREE
120 G SAURE SAHNE
185 G MEHL
2 TL BACKPULVER
1/2 TL NATRON
3 TL ZIMT
2 TL INGWER, GEMAHLEN
1/4 TL MUSKAT, GEMAHLEN
1/2 TL SALZ

Zutaten:

GLASUR

60 G PUDERZUCKER
3 TL MILCH
1 TL VANILLE
EXTRAKT

Ich mache immer als Erstes gleich mal die Streusel fertig und stelle sie kalt. Dazu alle Zutaten miteinander mischen, entweder von Hand oder in der Küchenmaschine. Als Ergebnis solltest Du eine krümelige Masse haben.

Für den Teig zuerst die Butter mit dem Zucker schaumig rühren, danach kommen die Eier dazu. Nun noch das Kürbispüree und die saure Sahne dazu. Zum Schluss kommen alle trockenen Zutaten wie Mehl, Backpulver, Natron und die Gewürze rein. Den Teig hab' ich in einer 22 cm Form gebacken. Ich hab' nur die Hälfte vom Teig eingefüllt, danach die Hälfte der Streusel darauf und dann den restlichen Teig obendrauf und zum Schluss den Rest der Streusel. Den Kuchen bei 180 Grad C ca. 50 Minuten backen. Für die Glasur den Puderzucker mit der Milch glatt rühren und die Vanille dazu. Mit der Gabel dann die zähe Glasur über den Kuchen als Deko träufeln.

have a nice day!

sieht aus wie ein normaler Marmorkuchen, ist aber keiner

Schoko Kürbis Kuchen

Im Herbst kann ich ja nie genügend Kürbis haben, auch beim Frühstück (Pumpkin Pancakes) oder Mittagessen (Pumpkin Curry). Da darf natürlich auch ein Kuchen nicht fehlen, und was würde besser passen, als Kürbis mit Schoko kombiniert? Immer wenn ich den Kuchen bei einem Event anbiete, will jeder ein Stück von dem „Marmorkuchen". Nur letztes Mal hatten ein paar Damen da ein scharfes Auge und gleich gesehen, dass die helle Masse zu orangefarben für Marmorkuchen ist. Der Kürbis wurde also tatsächlich enttarnt!

Zutaten:

100 G WEISSER ZUCKER
100 G BRAUNER ZUCKER
115 G BUTTER
2 EIER
1 TL VANILLE EXTRAKT
200 G MEHL
1/2 TL NATRON
1/4 TL SALZ
110 G PUMPKIN PÜREE
(FRISCH ODER
AUS DER DOSE)
2 EL SAURE SAHNE
3 TL KAKAO

Bon week-end!

Den Zucker mit der Butter und den Eiern schaumig rühren. Danach kommt die Vanille, das Mehl, Natron und Salz dazu. Zum Schluss das Kürbispüree und die saure Sahne. Nun den Teig halbieren, und eine Portion mit dem Kakao mischen. Damit der Kuchen einen schönen Marmoreffekt bekommt, hab' ich die Teige abwechselnd in eine kleine Kastenform gefüllt (rechts hell, links dunkel, so wie auf dem Foto etc.). Danach noch mit einer Gabel die Teige etwas gemischt. Bei 180 Grad C ca. 50 Minuten backen. Wenn Du eine große Kastenform füllen willst, kannst Du die doppelte Teigmenge benutzen. Die braucht dann etwas länger, ca. 1 Stunde im Ofen.

mit der Gabel „geswirlt"

mit dem Löffel eingefüllt

Laub-Kekse

Für die Herbstlaubkekse benötigst Du Blattausstecher. Damit die so wellig werden, habe ich kleine Alufolienkugeln beim Backen darunter drapiert. Das Loch für die Schnur nicht vergessen. Die Laubmaserung vor dem Backen mit einem Zahnstocher einritzen. Ich hab' das Rezept von den Vanillekeksen genommen (S. 216).

Was auch immer 'ne gute Idee ist: Die Kekse mit einem Stempel personalisieren. Hier mein Beispiel vom „SFT". Also dem „Schönen Frauentag" von Bianca! Nimm dazu saubere Papierstempel, die findest Du als „Alphabet-Stempelset" in vielen shops.

Caramel Crunch Brownie Slice

Meine Karamellschnitten aus „Backen mit Love" sind ja heiß geliebt, vor allem auch bei den Männern meines Lieblingsoptikers im Ländle!

Dafür, dass meine neue Brille wieder so schön geworden ist, muss es ein Dankeschön in Form von einem abgewandelten Rezept geben. Anstatt hellem shortbread Boden, gibt's einen dunklen Brownieteig, das Karamell wird durch Schokorice-Crispies knusprig gemacht, und die Schoki obendrauf wird eine Schokoladenganache. Alles in eine Dose gefüllt und ab nach Stuttgart. Zum Verschicken sind die Schnitten einfach optimal.

Zutaten:

BODEN
100 G ZARTBITTER SCHOKI
125 G BUTTER
175 G BRAUNER ZUCKER
2 EIER
100 G MEHL
1 EL KAKAO

KARAMELL
180 G BUTTER
110 G ZUCKER
2 EL ZUCKERRÜBENSIRUP
180 ML KONDENSMILCH
70 G SCHOKORICE CRISPIES

OBENDRAUF
300 G ZARTBITTER SCHOKI
125 ML SAHNE

gezuckert

Brownieboden: Schoki mit Butter im Topf schmelzen. Etwas abkühlen lassen. Danach den Zucker dazu und die Eier, Mehl und Kakao. Ich hab' die Masse in einer quadratischen 24 cm Form gebacken bei 180 Grad C ca. 25 Minuten.
In der Zwischenzeit kannst Du das Karamell vorbereiten: neuen Topf nehmen und darin Butter, Zucker, Kondensmilch und Sirup erhitzen, bis die Butter geschmolzen ist. Dann Temperatur erhöhen, dass es am Rand Blasen gibt. 10 Minuten blubbern lassen, bis Du eine Karamellfarbe im Topf erreicht hast. Dann kannst Du die Reis Cricpies unterrühren und die Masse auf den Brownieboden gießen. Für obendrauf brauchst Du schon wieder einen Topf! Die Schoki mit der Sahne erhitzen und verrühren. Das dann auf das Karamell streichen und im Kühlschrank einige Stunden fest werden lassen, bevor Du die Schnittchen schneidest.

Die Optikerjungs Andreas und Thomas haben schon nachbestellt!

→ Maastricht
Roermond →
Liège
Tongeren
Domburg
Bergen
Egmond

für den sonntagnachmittag

Himbeer Streusel Kaffeekuchen

Oh, ich liebe Coffee Cakes in allen Variationen. Es fiel mir ganz arg schwer, mich für das Buch auf zwei zu beschränken. Dieser ist der, den ich am häufigsten backe. Das Obst variiert, Du kannst die Himbeeren auch gegen Kirschen oder anderes Obst tauschen.

Wenn Du null Obst zur Hand hast, kannst Du z. B. auch die Hälfte der Streusel in den Teig (also anstatt der Himbeeren) und die andere Hälfte für obendrauf verwenden.

The LUDLOW MOTOR CO. Ludlow
For CARS, TRACTORS and REPAIRS

Zutaten:

TEIG

Zuerst die Butter, den Zucker, die Eier und Vanille verrühren. Danach kommen abwechselnd die trockenen Zutaten (Mehl, Backpulver, Natron, Salz) und die saure Sahne dazu. Dann füllst Du die Hälfte der Masse in eine runde 23 cm Backform. Da obendrauf kommen dann die Himbeeren, oder was Du nimmst halt. Und danach wieder der restliche Teig obendrauf, und glatt streichen.

115 G BUTTER
200 G ZUCKER
2 EIER
1 TL VANILLE EXTRAKT
260 G MEHL
1 TL BACKPULVER
1 TL NATRON
1 TL SALZ
230 G SAURE SAHNE
150 G HIMBEEREN, ODER KIRSCHEN ODER WAS ANDERES

hello october

Die Streusel gleichmäßig darüberstreuen und in den Ofen bei 180 Grad C 45 Minuten backen. Lass' ihn ein bisschen abkühlen, bevor Du ihn aus der Form stürzt. Du musst ihn ja wieder umdrehen, damit die Streusel wieder oben sind, und dann kannst Du die Milchglasur darüberträufeln. Sieht gut aus, wenn Du sie auch ein bisschen seitlich runterlaufen lässt!

Zutaten:

STREUSEL

290 G MEHL
150 G BRAUNER ZUCKER
170 G BUTTER
3 TL ZIMT
1 TL SALZ

Alle Zutaten kannst Du zusammen von Hand vermengen, bis Du feuchte Krümel in der Schüssel hast.

MILCHGLASUR
130 G PUDERZUCKER
2 EL MILCH

Alles miteinander verrühren

Petticoat Tails

Shortbread

Bestimmt kennst Du die shortbread-Kekse, oder? Du kannst das Rezept auch nehmen und einfach shortbread-Fingers mit dem Messer schneiden, also längliche Kekse. Es gibt sogar auch Backformen extra dafür, in die man den Teig mit der Hand in ein dekoratives Muster reindrückt.

Ich wollte das shortbread aber mal rund backen und mit spitzenmuster obendrauf.

Ich hatte das auf Fotos von einer schottischen Hochzeit mal gesehen. Rund gebacken und als Kuchenstück ge-schnitten heißt es dann „Petticoat Tails shortbread". So ein toller Name auch noch!

Zutaten:

250 G BUTTER
100 G ZUCKER
250 G MEHL
100 G MAISMEHL ODER REISMEHL
1/2 TL SALZ
PUDERZUCKER ZUM BESTÄUBEN

Aus den Zutaten einen Teig herstellen. Der wird zu einem 25 cm Kreis ausgerollt, ca. 1 cm dick. Damit das Ganze auch wirklich rund wird, hab' ich einen Teller in der Größe falsch herum draufgelegt und einen sauberen Rand geschnitten. Mit Daumen und Zeigefinger dann den Rand mit den Spitzen formen. Danach mit einer Gabel die Markierungen für 8 Stücke in den Teig pieksen. Bevor Du das Shortbread in den Ofen schiebst, noch mal 1 Stunde kühl stellen. Dann kannst Du es bei 180 Grad C 25 Minuten backen. Warte bis er abgekühlt ist, bevor Du mit dem Puderzucker Muster beginnst. Ich habe mir dann aus verschieden großen Tortenspitzen ein Muster zusammengelegt, und das hab' ich dann großzügig mit dem Puderzucker bestäubt. Beim Entfernen der Tortenspitze unbedingt aufpassen, damit nichts von dem Puderzucker runterfällt und Dir das Muster kaputt macht. Für 'ne ruhige Hand empfehle ich gerne einen meiner Likörchen ...

Wenn Du das Shortbread ohne die Puderzucker-Verzierung machen willst, kannst Du vor dem Backen noch ein bisschen Zucker von Hand obendraufstreuen.

date

19.03 ♥

mein Lieblings Ingwerkuchen,
fast schon eine Torte!

Ginger Lemon Drizzle Cake

Ein ganz großes Minus muss ich meinem Mann ja dafür geben, dass er Ingwer haßt. Nur „nicht mögen" wäre viel zu nett ausgedrückt, nein, er hasst ihn. Er mag ihn nicht. Er will ihn nicht riechen oder sehen, in keiner Form und es darf auch kein Ingwer in irgendwas unangekündigt auftauchen. Nicht beim Essen, nicht im Tee, leider halt auch gar nicht im Kuchen! Und ich mag Ingwer doch so gerne!! Deshalb gibt's den Kuchen immer nur, wenn Gäste kommen und ich sowieso mehrere Sachen backe. Dann muss ich ihn nicht alleine essen und der Mann hat noch etwas anderes zur Auswahl. Wenn Dir das Rezept zu aufwändig ist, kannst Du die Sahne als Füllung eventuell weglassen. Auf keinen Fall jedoch das Lemoncurd streichen! Oder die Zitronenbeträufelung! Das schmeckt sososo gut! Versprochen!

Zutaten:

TEIG

140 G DUNKELBRAUNER ZUCKER
140 G ZUCKERRÜBENSIRUP, DUNKEL
140 G ZUCKERRÜBENSIRUP, HELL
140 G BUTTER
300 ML MILCH
300 G MEHL
2 TL NATRON
4 TL INGWER GEMAHLEN
2 TL ZIMT
1/4 TL NELKEN
1/4 TL MUSKAT } gemahlen
1 EI

Zutaten:

PON 482
ZUM BETRÄUFELN

SCHALE UND SAFT
1 ZITRONE
100 G BRAUNER ZUCKER

LEMONCURD
FÜLLUNG
1/2 GLAS LEMONCURD
REZEPT AUF SEITE
64

SAHNE FÜLLUNG
200 ML SAHNE
100 G FRISCHKÄSE
3 EL INGWERSIRUP
(AUS EINEM GLAS MIT
EINGELEGTEM INGWER)
3 EL PUDERZUCKER

Für den Teig, die Butter,
den Zucker, beide Sirups
und die Milch im Topf
erhitzen. Rühren, bis Du
eine Masse hast und
sich der Zucker
aufgelöst hat.
   Dann kommt das Mehl,
Natron und die Gewürze
hinzu. Zum Schluss noch
das Ei. Die Masse wird
in einer 20 cm runden
Form gebacken bei 180
Grad C ca. 50 Minuten.
Nach dem Backen wird
der Kuchen mit dem Zitronenzucker
Gemisch beträufelt.

love this!

SEITE VON GINGER

Am nächsten Morgen schien d
war verschwunden, durch den
der letzten Tage verhängt war,
klar und steil am Eingang d
blickte sehnsüchtig nach ihr hi

Burg gerne besicht

Tag 7
ein schöner Katzenmor

und all den anderen Sach
Schloss Burg verschwand hinte
landeinwärts dem Bahnhof näh

Ich hab' dazu den Rand der Backform
bereits entfernt, weil das sehr
schön seitlich am Kuchen
runterläuft. Sieht toll aus!
Vor dem Servieren wird der Kuchen
geteilt und das Lemoncurd auf der
unteren Hälfte verteilt. Für die
Sahnefüllung die Sahne steif
schlagen und alle anderen
Zutaten dazugeben. Die Sahnefüllung
über ⟶ wird dann ~~XXXXX~~ das Lemoncurd
verteilt und die obere Hälfte vom
Kuchen wieder draufgesetzt. Auf
dem Foto siehst Du, dass ich noch
ein bisschen geriebene Schale von
1 Zitrone auf
dem Kuchen verteilt
habe.

BRILLANTINE

EPINGLES FANTAISIE
QUALITÉ SUPÉRIEURE

Café Konditorei Burghof

R. C. Seine N- 276 922

TÉL. CENTRAL 88-09

Vendu à M

PARIS, le

193

1 K

BERGISCHE
KAFFEETAFEL

SERVICE A DOMICILE

Original
Burger Zwieback

zwei meiner Lieblingskuchen in einem

Karotten Käsekuchen

Ich war auf der Suche nach einem neuen Käsekuchen-rezept. Naja, ich bin ja immer auf der Suche eigentlich, nix Neues also ... und so kam ich auf die Idee, zwei meiner Lieblingskuchen zu kombinieren. Also: Käse mit Karotte. Why not? Ich habe das Gleiche auch mal mit Zimtschnecken und Käse probiert, aber das Ergebnis war nicht so gut. Hat irgendwie nicht gepasst. Dieses hier dagegen konnte sofort überzeugen! Der Karottenkuchen ist ganz locker und saftig und der Käsekuchen cremig. Super Kombi!

Zutaten:

KÄSEFÜLLUNG
460 G FRISCHKÄSE
150 G ZUCKER
2,5 TL VANILLE EXTRAKT
1 EL MEHL
3 EIER

KAROTTENKUCHEN

180 ML SONNENBLUMENÖL

200 G BRAUNER ZUCKER

2 EIER

1,5 TL VANILLE EXTRAKT

130 G MEHL

1 TL NATRON

2 TL ZIMT

90 G GERASPELTE KAROTTEN

40 G GERASPELTE KOKOSNUSS

60 G GERÖSTETE WALNÜSSE, EIN PAAR MEHR FÜR DIE DEKO OBENDRAUF

ICING

60 G FRISCHKÄSE

15 G BUTTER

215 G PUDERZUCKER

1/2 TL VANILLE EXTRAKT

Ich beginne immer mit der Käsekuchenmasse. Dazu rühre ich mit einem Schneebesen alle Zutaten glatt, die Schüssel beiseitestellen. Mit der Küchenmaschine das Öl mit dem Zucker und den Eiern verrühren. Danach gibst Du die Vanille, das Mehl mit dem Natron und den Zimt dazu. Als Letztes noch die Karotten, Kokos und die Nüsse unterheben. In einer 23 cm runden Form habe ich ungefähr die Hälfte der Karottenkuchenmasse eingefüllt und glatt gestrichen. Danach mit einem Löffel die Käsekuchenmasse darüber verteilt und glatt gemacht und anschließend den Rest vom Karottenkuchenteig obendrauf. Der Kuchen wird 1 Stunde bei 180 Grad C gebacken.

Café

Nach dem Erkalten kannst Du das Icing und die übrigen Walnüsse auf dem Kuchen verteilen.

C'est le premier pas qui coûte.

süß und salzig belegt

Schokoladenbruch

Wenn eine Gruppe zum Backen zu mir kommt, finde ich es immer nett, wenn schon 'mal so ein bisschen was zum Schnabulieren auf dem Tisch bereitsteht. Und es muss ja nicht immer Kuchen sein, das war zumindest meine Idee. Man kann auch gar nix falsch machen bei diesem Rezept. Und die Kombi von süß-salzig finde ich immer unwiderstehlich! Deshalb wollte ich das mal ausprobieren. Dazu musste ich nur Schoki schmelzen und in eine Form gießen. Darauf werden dann alle klein gehackten Zutaten gestreut. Es ist allerdings wichtig, die Schokolade erst dann zu schmelzen, wenn alles andere schon klein geschnitten ist!

FOR THE EYE

Zutaten:

450 G ZARTBITTER SCHOKI

120 G GESALZENE MINIBREZELN

8 OREO KEKSE

50 G TOFFEE BONBONS, GEHACKT

40 G GESALZENE ERDNÜSSE, GEHACKT

40 G GESALZENE MANDELN, GEHACKT

MEERSALZ ZUM BESTREUEN

10

FABRICATION FRANÇAISE
LA MARQUE DE QUALITÉ

Die Schokolade im Topf schmelzen.
Währenddessen alles klein schneiden:
Die Kekse hab' ich von Hand gebrochen,
alle anderen Zutaten in der Küchenmaschine
klein gehackt. Die geschmolzene Schokolade
habe ich auf Backpapier gegossen und
flach gestrichen auf eine Größe von
ca. 25 x 30 cm. Danach darfst Du alles
in die weiche Schoki streuen und zum
Schluss noch das Salz darübergeben.
Du kannst es entweder im Kühlschrank fest
werden lassen oder bei
Raumtemperatur. Danach
in Stücke brechen. In der
Dose aufbewahrt hält sich
das über 'ne Woche.
Allerdings auch nur
dann, wenn Du sie ein
bisschen vor anderen
versteckst.

...orgen wieder. Es gibt in Oberburg
...kein Kind, das Cupcake nicht liebt.
...uch mal kräftig fauchen und krallen
...Kinder hingen umso mehr an ihr.

Die Katzenkinder von Cupcatze toben

CAMBRIDGE

Loup de Mer

BIS 16.24

GJDB
120
120
GJDB

SHAKE WELL
BEFORE USING

Nuss Appeltaart

Wie oft schon stand ich in Holland vor einem Café und hab' diese Nusstaart angeschaut, die sieht ja so gut aus! Ich habe mich immer gefragt, wie die Nüsse so schön aufgetürmt halten. Ich wollte die unbedingt auch zu Hause backen können. Ein paarmal ausprobiert und ich kann Dir nun hier das Rezept für eine super Nuss-Appeltaart präsentieren. Wenn Du willst, kannst Du die Äpfel auch mit Birnen 50:50 mischen. Schmeckt auch klasse!

Zutaten:

TEIG
300 G MEHL
200 G BUTTER
1 EI
100 G BRAUNER ZUCKER
1 PRISE SALZ

FÜLLUNG
8 ÄPFEL GESCHÄLT
UND KLEIN GESCHNITTEN
150 G BRAUNER ZUCKER
3 TL SPEKULATIUS-
GEWÜRZ ODER ZIMT
1 EL SPEISESTÄRKE
SCHALE VON 2 ZITRONEN
1 PRISE SALZ

Aus den Zutaten einen Teig herstellen, das geht am besten in einer Küchen maschine mit „Pulse"-Taste. Danach den Teig kühlen für eine halbe Stunde, bevor Du ihn ausrollst. Die Menge reicht für eine runde Form von 31 cm. Du kannst auf den Fotos sehen, dass ich zwei kleinere Formen verwendet hab': 26 cm & 13 cm.

Für die Füllung alles in einer Schüssel
miteinander mischen. Danach auf dem Teig
verteilen, andrücken und bei 180 Grad C
60 Minuten backen. Die kleine Form hab'
ich 45 Minuten gebacken. Auskühlen lassen
und am besten den Rand der Form schon 'mal
entfernen. Das "Auftürmen" der Nüsse geht
leichter, wenn der Rand schon weg ist.

Variante ohne Nüsse

10 Stroop Waffeln (S. 163
oder gekauft) + 10 Toffees
kleinschneiden & mitbacken

NUSSBELAG
900 G GEMISCHTE NÜSSE

ich hab' Haselnuss,
Mandel, Cashew, Walnuss
benutzt, die müssen
vorher geröstet werden

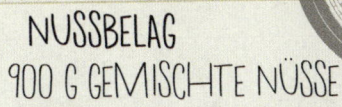

GLANZBELAG

2 BLÄTTER GELATINE
170 ML WASSER
SAFT 1 ZITRONE
100 G ZUCKER
150 G APRIKOSEN-
MARMELADE

Die Gelatine nach
Packungsanweisung
einweichen. Alle anderen
Zutaten in einem Topf
aufkochen und rühren,
bis sich der Zucker
aufgelöst hat. Die ein-
geweichte Gelatine ein-
rühren. Ich habe die
gerösteten Nüsse in den
Topf mit dem Aprikosen-
sirup gegeben und
umgerührt. Danach auf dem
gebackenen Kuchen verteilen
und erkalten lassen.

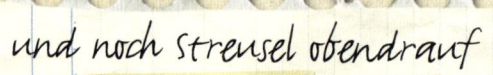

und noch Streusel obendrauf

Apfel Käse Karamell Blechkuchen

Das ist einfach ein super Apfel-Käsekuchen, aus dem Du viele Stücke herausbekommst, je nachdem, wie groß Du sie schneidest. Das Karamell hab' ich eigentlich nur obendrauf gemacht, um mal ein bisschen Abwechslung in die Sache zu bringen. Es waren aber alle Gäste davon so arg begeistert, dass ich seitdem immer lustig nach dem Backen noch mit dem Karamell-Glas ankomme und vieeeel drüber-träufle, ach, schmeckt ja auch gleich noch besser!

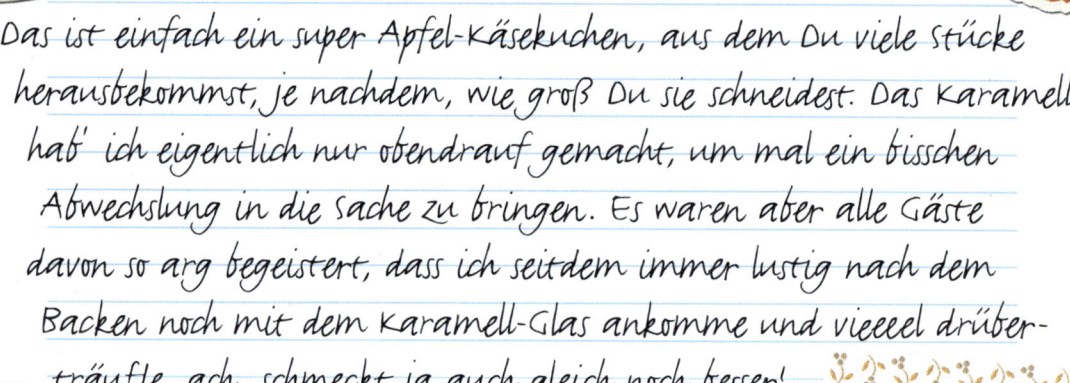

Zutaten:

TEIG
260 G MEHL
110 G BRAUNER ZUCKER
230 G BUTTER

KÄSEMASSE
460 G FRISCHKÄSE
200 G WEISSER ZUCKER
4 EIER
2 TL VANILLE EXTRAKT

APFELFÜLLUNG
5 ÄPFEL, GESCHÄLT UND IN STÜCKE GESCHNITTEN
2 EL WEISSER ZUCKER
1 TL ZIMT
1/4 TL MUSKAT, GERIEBEN

STREUSEL

220 G BRAUNER ZUCKER
130 G MEHL
50 G GROBE HAFERFLOCKEN
115 G BUTTER
170 G KARAMELL

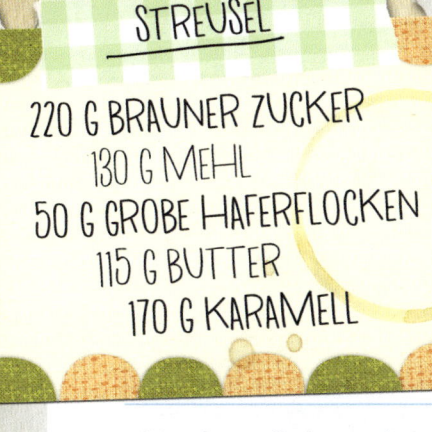

Alle Teigzutaten miteinander
mischen und in eine viereckige
Form von 33x23 cm drücken (typische
Browniebackform), bei 180 Grad C
15 Minuten backen, bis er leicht
gebräunt ist. Für die Käsemasse
alle Zutaten in einer Rührschüssel
mit dem Schneebesen verrühren und über den noch warmen
Teig gießen. Für die Apfelfüllung alles in einer Schüssel
vermengen und über die Käsemasse verteilen. Nun alle
Streuselzutaten vermengen, bis Du dicke Streusel in der
Schüssel hast. Die werden über die Äpfel gestreuselt.
Bei 180 Grad C 45 Minuten backen, bis die Käsemasse fest
ist. Dann wird noch das Karamell drübergeträufelt. Du
kannst fertiges Karamell aus dem Glas nehmen, wenn Du
kein selbst gemachtes zuhause hast. Wenn es zu fest ist
zum Träufeln, einfach vorher erwärmen, dann tropft
es besser.

Für den Valentinstag, habe ich
das Karamell hier weggelassen.

Bonne fête

Black & White Cookies

die Cookies zum Backkurs

Als ich mit meinen „Bake&Craft"-Kursen begonnen hab', war das hier das erste Rezept. Ich wollte ja, dass jeder was mit nach Hause nehmen konnte, was nicht stundenlang im Ofen dauert. Ein Kuchen ist da nicht so optimal, deshalb wollte ich mit leckeren Cookies in „crafty" Gläsern starten. Blieb nur noch die Frage: lieber helle Kekse mit Schokotropfen? Oder gleich Schokokekse machen? Puhh, was hab' ich mir den Kopf zerbrochen, bis mir endlich eingefallen ist: Ich mach' einfach beides zusammen als Keks. War mir nicht sicher, ob's auch klappen würde, aber nach einem Probebackgang war klar: Es gibt kein Zurück mehr! Weitere Zusammenschlüsse von Kekssorten sind auch schon in der Überlegung.

Vanille Extrakt

Das kommt ja in fast jedem Rezept vor. Du bekommst es aber leicht im Supermarkt. Es ist natürliches Vanille-Aroma aus gemahlenen Schoten, als Pulver oder in Gelform, als flüssiges Extrakt. Hauptsache, kein künstliches Aroma.

Zutaten:

HELLER TEIG
115 G BUTTER
55 G FRISCHKÄSE
150 G BRAUNER ZUCKER
50 G WEIßER ZUCKER
1 EI
2 TL VANILLE EXTRAKT
290 G MEHL
2 TL STÄRKEMEHL
1 TL NATRON
1 PRISE SALZ
400 G CHOCOLATE CHIPS

Heller Teig

Die Butter mit dem Frischkäse, dem Zucker und dem Ei verrühren. Danach die trockenen Zutaten dazugeben: Vanille, Mehl, Stärke, Natron und Salz. Zum Schluss werden die Schokotropfen reingeknetet. Aus dem fertigen Teig ca. 40 Kugeln formen.

Zutaten:

DUNKLER TEIG
230 G BUTTER
300 G DUNKELBRAUNER ZUCKER
2 EIER
2 TL VANILLE EXTRAKT
390 G MEHL
130 G KAKAO
2 TL STÄRKEMEHL
1,5 TL NATRON
1 PRISE SALZ

Dunkler Teig

Auch hier wird die Butter mit dem Zucker und den Eiern zusammengerührt. Danach kommt das Vanille Extrakt, das Mehl, der Kakao, die Stärke, das Natron und das Salz dazu.
Aus dem fertigen Teig auch 40 Kugeln formen.

Nun werden aus den hellen und dunklen Kugeln Doppeldecker gepresst. Rechts hell, links dunkel. Und ein bisschen flach drücken dabei. Dann geht's für 30 Min. in den Kühlschrank. Danach werden sie bei 180 Grad C 12-15 Minuten gebacken. Die Crafty Idee ist, dass man die Kekse in einem Glas mit selbst gemachtem Label nach Hause nehmen kann. Das Label für die Gläser wird von jedem individuell selbst genäht und bestempelt.

Beim Kugelrollen der verschiedenen Teige bleibt doch immer was in der Hand kleben. Da Du aber eine strikte Trennung von hellem und dunklem Teig haben willst, musst Du zwischendurch immer die Hände waschen, damit nix abfärbt.

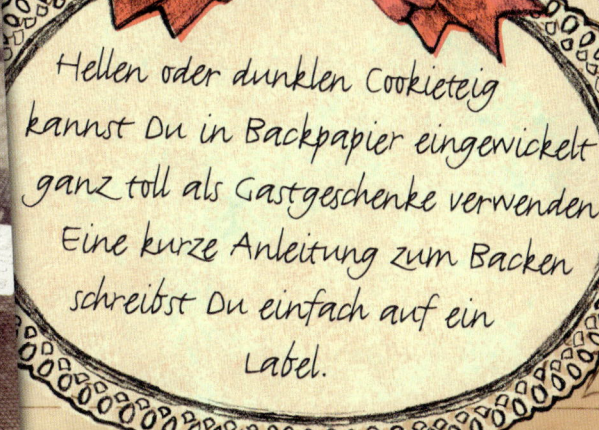

Hellen oder dunklen Cookieteig kannst Du in Backpapier eingewickelt ganz toll als Gastgeschenke verwenden. Eine kurze Anleitung zum Backen schreibst Du einfach auf ein Label.

Brownies mit Salzbrezeln und Erdnussbutter

Pretzel Peanut Butter Brownie

Ich erinnere mich, dass das einer meiner ersten Versuche war, salzig mit süß zu kombinieren. Da war ich mir noch nicht so ganz sicher, ob es klappen würde?! Brownies gibt es ja überall, auch als Backmischung. Da war für mich natürlich die Herausforderung, etwas anderes daraus zu machen. Am Ende war sogar ich wohl etwas zu sparsam mit dem Meersalz obendrauf. Trau' Dich also ruhig und verwende es großzügig. Gerade das Salz gibt dem Ganzen den richtigen süß- oder salzigen Kick. Alternativ zu den Brezeln, kannst Du auch Salzstangen im zick zack anordnen.

Zutaten:

BROWNIE

115 G BUTTER
180 G ZARTBITTER SCHOKI
1 TL INSTANT KAFFEEPULVER
150 G BRAUNER ZUCKER
3 EIER
1 TL VANILLE EXTRAKT
85 G MEHL
1/2 TL BACKPULVER
1/4 TL SALZ

PEANUT BUTTER FÜLLUNG

60 G BUTTER
65 G PUDERZUCKER
190 G CREAMY PEANUT BUTTER
1/4 TL SALZ
1/2 TL VANILLE EXTRAKT

FÜR OBENDRAUF
SALZBREZELN
ODER
-STANGEN
GROBES
MEERSALZ

Für die Brownies die Butter mit der Schoki im Topf schmelzen. Lass' die Masse ein bisschen abkühlen, bevor Du das Kaffeepulver, Zucker, Eier und Vanille dazugibst. Zum Schluss kommen die trockenen Zutaten (Mehl, Backpulver, Salz) rein. Das Ganze wird in eine quadratische 20x20 cm Form gefüllt.

Für die Peanutbutter Füllung einfach alle Zutaten miteinander verrühren (ich erwärme die Peanutbutter kurz, dann geht's leichter) und auf der Browniemasse verteilen. Mit einer Gabel "swirlst" Du dann die beiden Teige leicht miteinander durch. Nun werden die Brezeln oder Stangen gleichmäßig obendrauf verteilt, achte auf Abstand dazwischen, damit Dir das Schneiden nach dem Backen leichterfällt. Nach Belieben kannst Du dann noch grobes Meersalz drüberstreuen. Die Brownies werden 45 Minuten bei 180 Grad C gebacken.

Für das gehäkelte Glas habe ich im Wollladen nach einer Häkelgarnfarbe „Ernussbutter" gefragt. Irgendwie hat die Frau mein Projekt nicht ganz verstanden. Für den Boden startest Du mit einem Kreis, danach die Wand hochhäkeln. Der rote Deckel und das Etikett sind separat gehäkelt und drangenäht.

27

Schoko Donuts mit salzigem Karamell

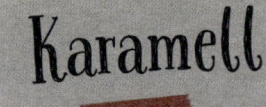

Ich hatte im Radio gehört, dass heute Donut Day sei, und hab' natürlich sofort Lust darauf bekommen, irgendwelche Donuts selbst herzustellen. Jetzt mag ich aber zu Hause gar nicht frittieren oder so und wollte sie wenigstens in Donutform backen.

Das geht natürlich nur mit der entsprechenden Backform. Wenn Dir die Form egal ist, kannst Du auch einfach Muffins daraus backen, klar! Aber ich wollte ja den National Donut Day mitmachen ...

gibt ca. 18 Donuts Check

Zutaten:

TEIG

2 EIER
115 G BUTTER
250 G BRAUNER ZUCKER
2 TL VANILLE EXTRAKT
1 TL KAFFEEPULVER
180 ML BUTTERMILCH
220 G MEHL
90 G KAKAO
1 TL BACKPULVER
1 TL NATRON
1 TL SALZ
1/2 TL ZIMT

Schlage die Eier, Butter und den Zucker schaumig. Dann kommt Vanille und Kaffee dazu. Anschließend abwechselnd unter Rühren die Buttermilch und die trockenen Zutaten (Mehl, Kakao, Backpulver, Natron, Salz, Zimt) hineingeben. Den Teig am besten mit einer Spritztüte in die Donutbackform einfüllen.

Du darfst nicht zu viel Teig in die Donutbackform füllen, lieber weniger, sonst hast Du nach dem Backen gar kein Loch mehr! Die werden bei 180 Grad ca. 15 Minuten gebacken. Mir waren die Löcher immer noch zu klein und ich habe mit einem runden Ausstecher das Loch noch vergrößert. Geht aber ganz gut!

salziger Karamell Guss

260 G PUDERZUCKER
5 EL KARAMELL
(FERTIG GEKAUFTES
ODER REZEPT SEITE 92)
3 EL SAHNE
1/2 TL SALZ
(NACH BELIEBEN)

für obendrauf

SALZBREZELN, VON HAND BRECHEN

Alle Zutaten miteinander glatt rühren. Wenn das Karamell zu fest ist, erwärme es einfach etwas. Am Ende die gebackenen Donuts damit überziehen und mit den Brezelstücken bestreuen.

Heißer Hot Toddy

Bordereau. Keine Ahnung, wie oft ich den Hot Toddy im letzten Herbst gemacht habe. Gefühlt waren es 100 Mal oder so. Vielleicht auch 1.000 Mal. Oder doch weniger? Das Rezept kann ich jetzt im Schlaf, aber ok, ist ja auch nicht so schwer zu merken! Am tollsten fand' ich es, wenn ich ihn im Kochtopf auf der Ladeklappe vom Pick-Up als Büfett mit was süßem aufbauen konnte (das Wetter muss halt mitspielen!). Wir sind natürlich einmal auch vom Regen überrascht worden und mussten alles schnell reintragen. Dann gab es das 2. Glas halt doch wieder im Haus!

Zutaten:

500 ML NATURTRÜBER APFELSAFT
70 ML BRAUNER RUM
2 EL BRAUNER ZUCKER
2 ZIMTSTANGEN
3 STERNANIS
4 CM STÜCK FRISCHEN INGWER, KLEIN GESCHNITTEN
1 ZITRONE, IN SCHEIBEN GESCHNITTEN
GERIEBENE MUSKATNUSS

Alle Zutaten in einem Topf erhitzen und 10 Minuten köcheln lassen. Beim Servieren hab' ich darauf geachtet, auch Stücke vom Ingwer, oder die Zimtstange oder den Sternanis mit einzuschenken. Sieht halt einfach besser aus!

A

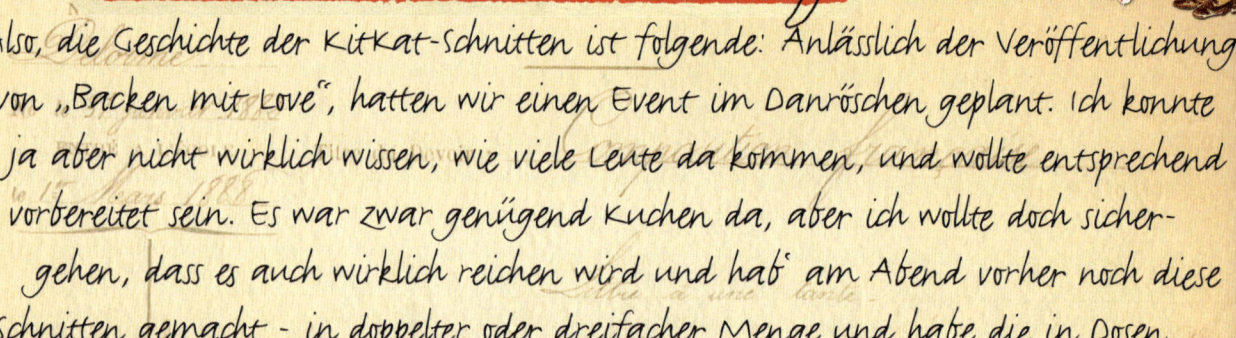

geht ganz ohne Backen
einfach im Kühlschrank fest werden lassen

KitKat-Schnitten

Also, die Geschichte der KitKat-Schnitten ist folgende: Anlässlich der Veröffentlichung von „Backen mit Love", hatten wir einen Event im Danröschen geplant. Ich konnte ja aber nicht wirklich wissen, wie viele Leute da kommen, und wollte entsprechend vorbereitet sein. Es war zwar genügend Kuchen da, aber ich wollte doch sicher-gehen, dass es auch wirklich reichen wird und hab' am Abend vorher noch diese Schnitten gemacht - in doppelter oder dreifacher Menge und habe die in Dosen verpackt. Natürlich kam, was kommen musste: Kaum wurden sie von mir angeboten, hat mich jeder gefragt ob, dieses Rezept auch im Buch steht!

Zutaten:

BODEN
250 G CREMIGE
ERDNUSSBUTTER
170 ML GLUKOSESIRUP
(SELBST MACHEN, SIEHE
REZEPT SEITE 209)
100 G WEIßER ZUCKER
50 G BRAUNER ZUCKER
1 EL VANILLE EXTRAKT
75 G RICE CRISPIES

Manno! Natürlich war jeder Kuchen vom Büfett in dem Buch drin, die „Notlösungsschnitten" vom Abend vorher jedoch nicht. Dass es ein 2. Buch geben würde, hätte ich damals noch nicht gedacht. Da es nun aber doch so weit ist, muss dieses Rezept natürlich rein. Und sollte es wieder eine Book-Launch-Party geben, werde ich sie wohl wieder machen!

Zutaten:

N

OBENDRAUF
150 G ZARTBITTER
SCHOKOTROPFEN
60 G ERDNUSSBUTTER
25 G RICE CRISPIES
3 RIEGEL KITKAT
(135 G)

Zu Beginn Erdnussbutter, Glukose, Zucker und Vanille im Topf erwärmen und glatt rühren. Danach kannst Du die Rice Crispies dazugeben. Diese Mischung in eine quadratische 20 cm Form füllen und glatt streichen. Für obendrauf werden die Schokotropfen mit der Erdnussbutter erwärmt, glatt gerührt und die nächsten Rice Crispies dazugemischt. Diese Masse wird über die erste Schicht verteilt und auch glatt gestrichen. Dann kommen die KitKats obendrauf. Ich habe die mit einem Messer in Teile geschnitten und dann in einem Abstand von 5-7 mm in der noch weichen Masse verteilt. Auf dem Foto kannst Du das ganz gut erkennen. Danach erst mal alles im Kühlschrank erkalten lassen, am besten über Nacht.

Keks plus Karamell plus Schoki

Twix Kekse in rund

Ein wun-der-ba-rer Keks!
Und als ich dem Mann
davon erzählt hab':
„Was hältst Du von der Idee,
auf einen Keks obendrauf
noch Karamell und dann
noch Schoki zu machen?",
kam die Antwort: „Was?
Schon wieder was mit Karamell
und Schokolade???" Hat mich
trotzdem nicht davon
abgehalten, die zu backen.
Und wer genau war
dann der Erste, der sich
den ersten Keks geschnappt
hat? Und einen zweiten? He?
Ja, genau! Der Mann war's!

Zutaten:

KEKS
340 G BUTTER
125 G PUDERZUCKER
1 TL VANILLE EXTRAKT
390 G MEHL
1 PRISE SALZ

Die Butter mit dem Zucker schaumig rühren, danach noch Vanille, Mehl und Salz dazugeben und verrühren. Den Teig in einer Gefriertüte etwas platt drücken und kühl stellen.

Nach 30 Minuten kannst Du ihn am besten in der Tüte auf 1 cm Dicke ausrollen (dann brauchst Du kein extra Mehl). Nehme einen kleinen (4 cm) Ausstecher, denn beim Backen verlaufen die Kekse.

Bei 180 Grad C 15 Minuten backen.

Zutaten:

SCHOKI
300 G ZARTBITTER SCHOKI

KARAMELL
400 G TOFFEES
(Z. B. WERTHERS ECHTE)
1 EL MILCH

40
40

Danach wirst Du f̶e̶s̶t̶s̶t̶e̶l̶l̶e̶n̶, dass sie jetzt schon sehr gut schmecken. Aber wir wollen ja noch mehr: Die Toffees kannst Du in der Mikrowelle in 20 Sekunden Intervallen weich machen. Wenn Dir die Masse zu zäh ist, gib einfach etwas Milch dazu. Mit einem Löffel nun zügig das Karamell auf den kalten! Keksen verteilen. Die Schoki auch flüssig machen und auf das erkaltete! Karamell verteilen. Am besten im Kühlschrank aufbewahren.

Die Aufgabe ist liederlich angefertigt!

Spinnennetz häkeln

Trick or Treat!

Ein super Projekt, weil es ein richtiger Hingucker im Garten ist. Ich hab' Acrylgarn genommen, da verblasst die Farbe nicht. Um das Netz zu häkeln, musst Du nicht nur einfache Stäbchen, sondern auch doppelte, dreifache und doppelt-dreifache Stäbchen häkeln können. Ist aber nicht schwierig! Einmal „Google" fragen hilft! Die Stäbchen bestimmen den Abstand zwischen den Kreisen in der Mitte. D. h. Du beginnst mit dem kleinsten Kreis, und die Stäbchen halten den Abstand zum nächsten. Dazwischen sind nur Luftmaschen.

schrecklicher Halloween Kranz

BOO!

Ich wollte so gerne einen ganz, ganz schrecklichen und furchterregenden Halloweenkranz haben! Dafür hab' ich einen normalen Kranz mit künstlichen Blumen dekoriert und alles mit schwarzer Farbe angesprüht. Dazu noch Reste von schwarzer Spitze rangebunden. Und da mir kein Apfel fürchterlich rot genug war, wurde auch noch der Apfel glänzend rot angesprüht. Der Rabe daneben passt auf, ob jemand unvorsichtig genug ist und in den Apfel beißt.

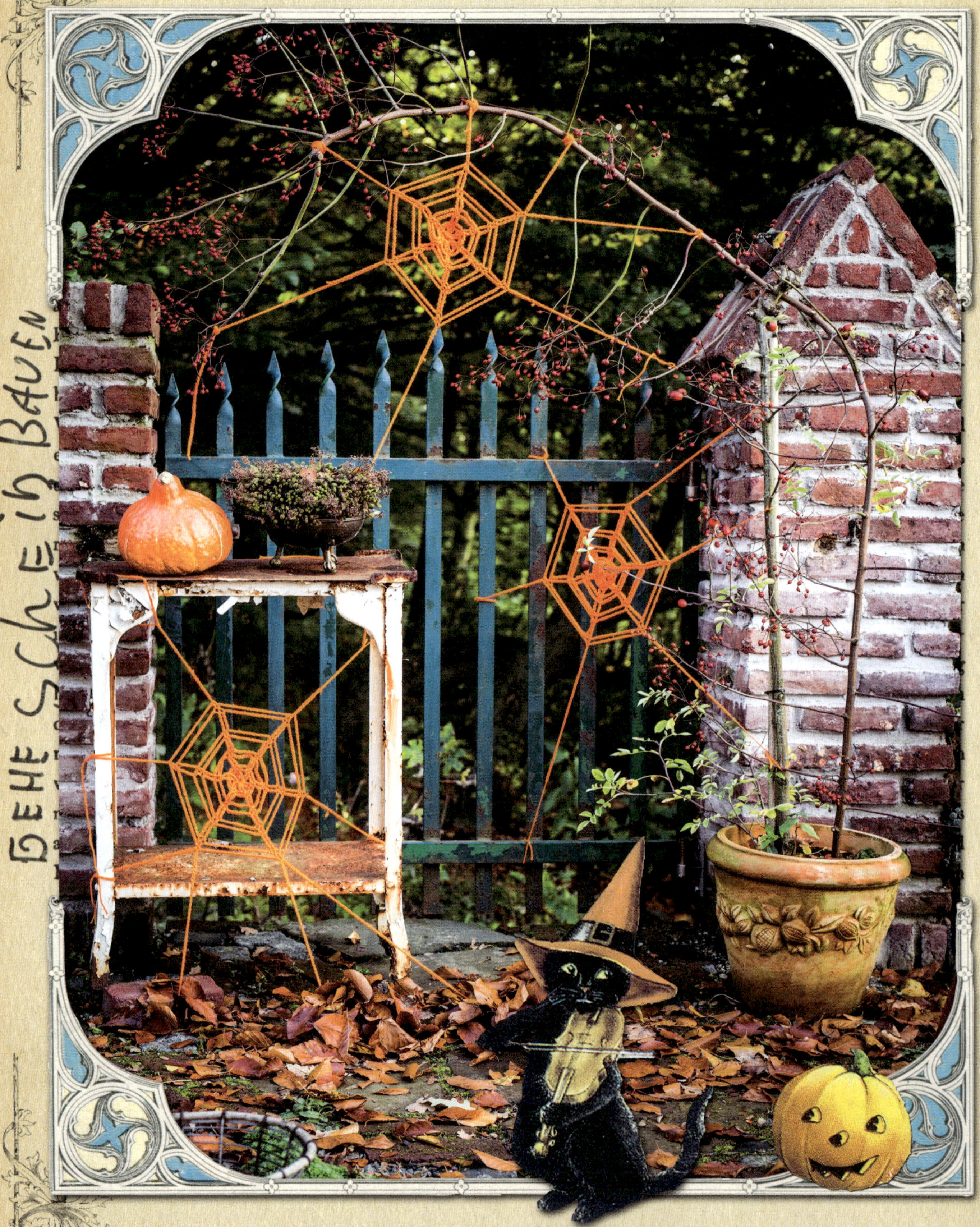
GEHE SChEin BAUEN

†HALLO'
WEEN

Gebiss
Kekse

Ahh! Sehen die Kekse nicht richtig ekelhaft aus? Tatsächlich sind es aber Schokokekse mit Buttercreme und Marshmallows! Einmal reinbeißen überzeugt dann doch vielleicht vom leckeren Geschmack?! Zutaten alle wie bei den Vanillekeksen, nur 30 g Mehl gegen die gleiche Menge an Kakao austauschen. Den Keksteig hab' ich mit einem runden Ausstecher gestochen und nach dem Backen halbiert. Einfache Buttercreme (Butter mit Puderzucker zu gleichen Teilen verrühren), dann in Zahnfleischfarbe einfärben: Rosa als Grundfarbe und dann mit Schwarz „dreckig" gemacht. Beim Auftragen habe ich vorne an den Zähnen in kleinen Schlangenlinien gespritzt. Die Zähne selbst sind mini-Marshmallows in die Buttercreme gedrückt. Dann den oberen Keks drauf und zum Schluss die Eckzähne drapieren (das sind diagonal halbierte Marshmallows).

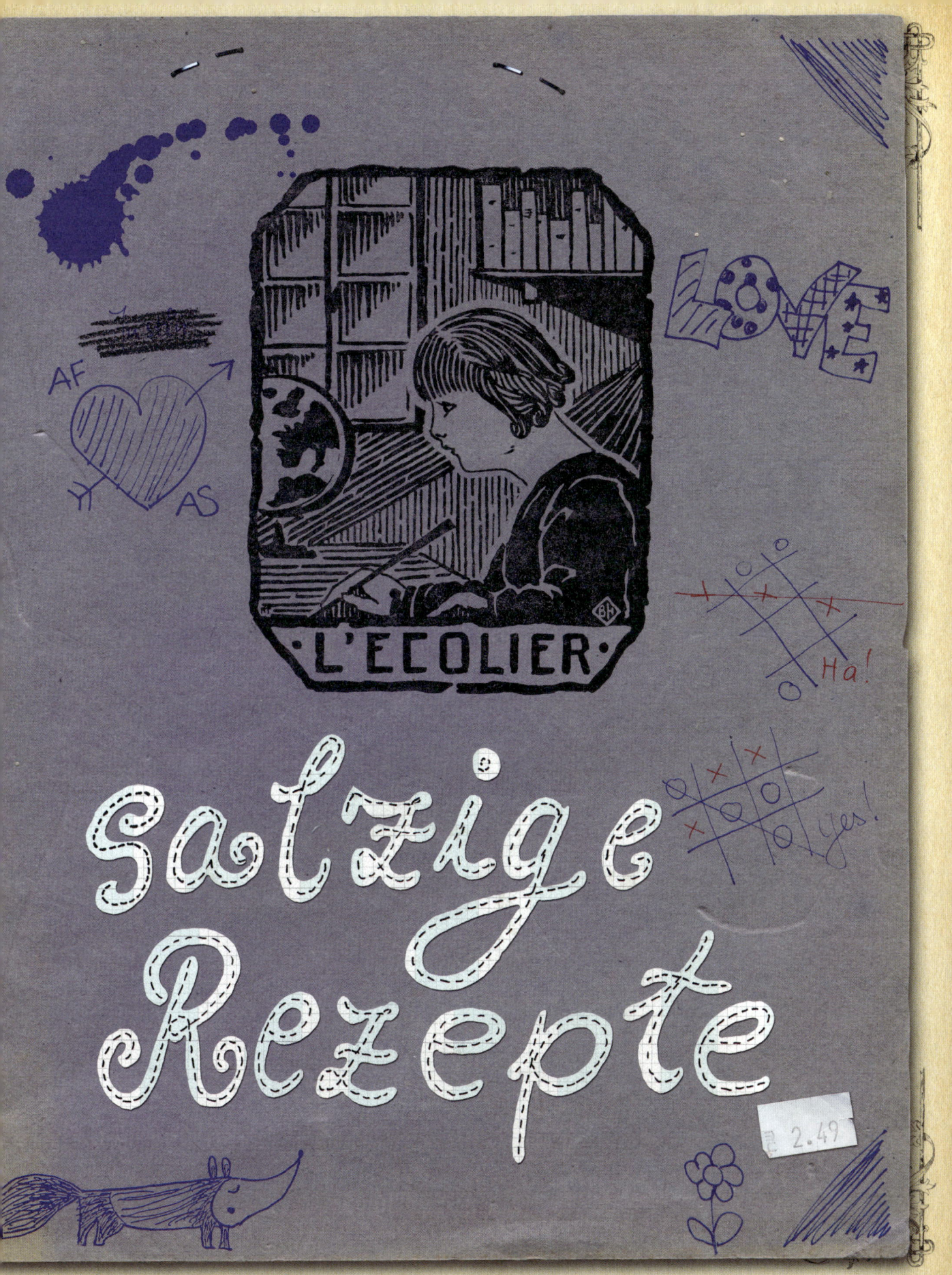

· L'ECOLIER ·

Salzige Rezepte

2.49

eat MoRe of what Makes You happy

Bei meinen PopUp-Tearooms sind auf den Etagèren die „Lagen" mit salzigen Sachen immer leer gegessen. Bei dem angebotenen Kuchenoverflow braucht jeder auch mal einen salzigen Bissen zwischendurch. Hier also meine „Salty Bites".

LINSEN BROT

Beim Aufschreiben von dem Rezept stelle ich gerade fest, dass es sehr "öko" klingt, aber Du darfst Dich nicht von dem Namen abhalten lassen, es schmeckt ganz unglaublich! Ich hab' das am letzten Geburtstag zum Abendessen serviert, und musste danach jedem erklären, wie es geht und was genau darin ist. Außerdem ist es auch noch vegetarisch, was mir bei meinen Gästen doch sehr zugutekommt, weil mittlerweile die Hälfte davon kein Fleisch mehr isst!

Zutaten:

50 G GRÜNE LINSEN
300 G ORANGENE ODER GELBE LINSEN
1 ZWIEBEL
3 KAROTTEN
1 ROTE PAPRIKA   KLEIN GESCHNITTEN
3 STANGENSELLERIE
6 KNOBLAUCHZEHEN
1 ROTE CHILISCHOTE
3 TL CUMIN
75 G SEMMELBRÖSEL
150 G GERIEBENER CHEDDAR
75 G GERÖSTETE KERNE
(ICH HAB' KÜRBIS UND SONNENBLUMEN GENOMMEN)
6 EIER
ÖL ZUM ANBRATEN, PFEFFER, SALZ

Die Linsen in verschiedenen Töpfen nach Packungsangabe weich kochen. Alles klein geschnittene Gemüse wird mit Knoblauch, Chili und Cumin in einem großen Topf kurz mit Öl angebraten. Dann den Herd abschalten und die Linsen, Brösel, Käse, Kerne und Eier dazugegeben. Alles vermischen und mit Pfeffer und Salz abschmecken. Die Masse wird jetzt in eine Kastenform gefüllt, Du kannst noch Kerne obendraufstreuen und im Ofen bei 180 Grad C 45 Minuten backen. Es kann heiß oder kalt serviert werden.

OLIVENBROT

Dieses Olivenbrot mache ich schon seit Jahren, genau genommen sind es woh' 14 Jahre. Ich hatte damals einen Job, in dem ich jeden Monat für ein paar Tag' nach Istanbul fliegen muste. Manchmal wurden wir von dem Agenturleiter

auch nach Hause eingeladen und seine Frau servierte zum Essen immer dieses Olivenbrot. Leider gab' es kein Rezept dafür, weil sie es immer aus dem Kopf gemacht hat, aber wir haben da einen Termin vereinbart, bei dem sie mir gezeigt hat, wie sie es macht! Seitdem gibt es Olivenbrot auch zu Hau'. Frau Bulak hat das Brot in einer Kuchenform gebacken, auf die Sache mit dem gußeisernen Topf bin ich ers' Jahre später gekommen, aber glaub' mir: Durch die Topfaktion wird es noch besser, und Du bekommst eine Kruste wie vom Bäcker hin.

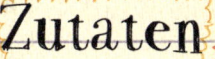
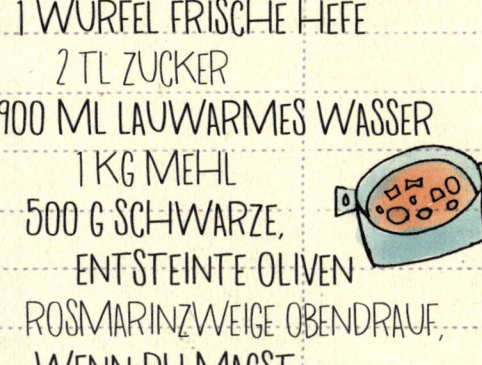

1 WÜRFEL FRISCHE HEFE
2 TL ZUCKER
900 ML LAUWARMES WASSER
1 KG MEHL
500 G SCHWARZE,
ENTSTEINTE OLIVEN
ROSMARINZWEIGE OBENDRAUF,
WENN DU MAGST

Die Hefe löse ich in 200 ml von der Wassermenge, zusammen mit dem Zucker auf. Das Ganze lasse ich 20 Minuten gehen. Das Mehl schütte ich in eine große Schüssel und mache in der Mitte eine Mulde, in die ich die Hefemischung gieße. Mit der Hand verrühre ich das und gebe das restliche Wasser hinzu, bis ich eine zähe, klebrige Masse habe. Das sieht dann eher wie ein Spätzleteig aus und Du wirst denken „das wird niemals Brot hier", aber vertrau' mir: das wird! Zum Schluss kommen noch die Oliven dazu, nur kurz verrühren, sonst färben die auf den Teig ab, das willst Du nicht! Dann lasse ich das für 1 Stunde gehen. Damit der Backofen später ordentlich heiß sein wird, schalte ich den jetzt schon an, auf die heißeste Stufe, der gusseiserne-26-cm-Topf kommt auch in den Ofen (ohne Deckel), damit der mit vorheizt. Nach dem Gehen füllst Du den Teig in den heißen Topf, streust nach Belieben Rosmarin oder Oliven obendrauf, legst den Deckel auf, schiebst den Topf in den Ofen zurück und schaltest ihn auf 220 Grad C. Nach 40 Minuten muss der Deckel runtergenommen werden, damit es eine schöne Kruste gibt. Nach weiteren 20 Minuten ist es fertig! Zur Sicherheit schütze ich den Plastikknopf am Deckel immer mit Alufolie gegen die Hitze.

MAISBROT mit TOMATENRELISH

Das Maisbrot schmeckt ganz toll, wenn es vor dem Essen nochmal kurz aufgetoastet wird, ich lege es dazu auf einen Sandwichgrill. Das Tomaten-Chili-Chutney passt perfekt dazu, aber Du kannst es natürlich auch zu jedem andere Brot oder auch zu Gegrilltem anbie

Zutaten:

TOMATEN CHILI CHUTNEY
800 G GESCHÄLTE TOMATEN STÜCKE
3 KNOBLAUCHZEHEN, FEIN GEHACKT
3 ROTE CHILIES, KLEIN GESCHNITTEN
200 ML ROTWEINESSIG
200 G BRAUNER ZUCKER

Du kannst frische Tomaten häuten oder welche aus der Dose nehmen dazu. Alle Zutaten werden in einen Topf gegeben und aufgekocht. Danach die Hitze reduzieren und weitere 35 Minuten köcheln lassen, ab und zu umrühren. Die Masse wird andicken und kann dann in sterile Gläser abgefüllt werden. Hält geschlossen bis zu 6 Monate.

Die Butter, Buttermilch, Milch, Ei
und Polenta mit einem Schneebesen
verrühren. Dann kommt der Cheddar,
die Chilie, Salz und Schnittlauch
dazu. Zum Schluss noch das Mehl mit
dem Backpulver unterrühren und die
Masse in eine Kastenform einfüllen.
Bei 180 Grad 55 Minuten
backen. Das erkaltete Brot vor dem
Servieren auftoasten und mit
Butter und Tomatenrelish servieren.

CHEDDAR MAISBROT
75 G BUTTER
250 ML BUTTERMILCH
170 ML MILCH
1 EI
170 G POLENTA
120 G GERASPELTER CHEDDAR
3 ROTE CHILIES,
KLEIN GESCHNITTEN
10 G SALZ
2 EL SCHNITTLAUCH
250 G MEHL
2,5 TL BACKPULVER

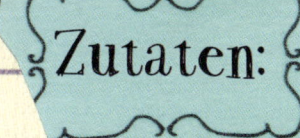

frittata

Die Frittata ist sehr praktisch,
weil ich sie bereits am Vortag
zubereiten kann. Ich serviere sie
dann entweder kalt oder
erhitze sie kurz auf dem
sandwichgrill. Du kannst
jedes Gemüse nehmen, das Du
zu Hause hast, und als
„veggie"-Variante einfach die
Wurst weglassen.

Die Chorizo klein schneiden und in der
    Pfanne kurz angebraten, beiseite-
legen. Mit dem ausgelassenen Fett in
    der Pfanne brate ich dann die Zwiebeln
mit dem Knoblauch glasig an. Danach gebe
    ich die Erbsen, Paprika und Chorizo
dazu. Nach 3 Minuten noch den Spinat
    und nur so lange weiterbraten, bis die
    Spinatblätter in sich zusammenfallen.
Den ganzen Pfanneninhalt gebe ich in
    eine ofenfeste Form, eckig oder rund,
je nachdem, ob Du Würfel oder Dreiecke
    anbieten willst. Verteile alles
    gleichmäßig und gieße dann die zuvor
verquirlten Eier mit der Crème Fraîche
    darüber. Mit Salz und Pfeffer gut
würzen und im Ofen bei 180 Grad C
30 Minuten backen, bis die Masse fest
geworden ist. Zum Servieren in Stücke
    schneiden.

Zutaten:

240 G CHORIZO WURST
2 ROTE ZWIEBELN,
KLEIN GESCHNITTEN
1 KNOBLAUCHZEHE
150 G ERBSEN
2 ROTE PAPRIKA,
KLEIN GESCHNITTEN
60 G SPINATBLÄTTER
16 EIER
300 ML CREME FRAICHE
1 PRISE SALZ
SCHWARZER PFEFFER

Bitte Füttern   nicht vergessen!

Message

salzige muffins

Ich nehme diese Muffins sehr gerne auch mit als Vesper auf 'ne Autofahrt oder zum Picknick. Sie trocknen nicht so leicht aus wie belegte Brote, sind einfach zu verpacken und Du kannst verschiedenste Zutaten untermischen - alles, was Du magst oder zu Hause hast, geht ... plus: Du kannst den Teig ganz schnell von Hand mit dem Schneebesen zusammenrühren.

Zutaten:

150 ML BUTTERMILCH
60 ML OLIVENÖL
1 EI
200 G MEHL
1/4 TL NATRON
1 TL BACKPULVER
1 EL ZUCKER
1/2 TL SALZ
100 G SALZIGE ZUTATEN
(50:50 AUFGETEILT)

Ich gebe Dir hier ein paar meiner Lieblingsvarianten als Beispiel:

- Cheddar-Käse und gekochter Schinken & Schnittlauch
- eingelegte getrocknete Tomaten, Feta & Thymian
- Bacon, Parmesan
- Chorizo, Oliven und etwas Chili-Flocken

Der Teig reicht genau für 6 Muffins

Die Buttermilch mit dem Öl und dem Ei verrühren. Danach kommt das Mehl, Natron, Backpulver, Zucker und Salz dazu. Zum Schluss hebe ich die salzigen Zutaten unter und verteile mit einem Löffel den Teig in die Muffinförmchen.
Ich hebe mir immer was auf von den salzigen Zutaten für obendrauf, und streue dann entsprechend ein bisschen Cheddar oder Feta oder Oliven vor dem Backen auf den Teig.
Die Muffins werden bei 180 Grad C 30 Minuten gebacken.

PFLAUMEN CHUTNEY + ZUCCHINIBROT

Das Pflaumenchutney ist der Wahnsinn, vielleicht klingt der Name nicht so aufregend, aber glaub' mir bitte, dass es unglaublich schmeckt! Bei mir zu Hause waren innerhalb 1 Woche alle Gläser aufgegessen! Und zusammen mit dem Zucchinibrot ist das Ganze einfach perfekt!

Zutaten:

PFLAUMENCHUTNEY

500 G PFLAUMEN,
IN STÜCKE GESCHNITTEN

500 G ÄPFEL, GESCHÄLT UND
KLEIN GESCHNITTEN

3 KNOBLAUCHZEHEN

150 G ROTE ZWIEBELN,
KLEIN GESCHNITTEN

250 ML APFELESSIG

75 G KORINTHEN

1/2 TL NELKEN, GEMAHLEN

1,5 TL CHILIPULVER

1 ROTE CHILI, KLEIN GESCHNITTEN

SAFT 1 ZITRONE

1/2 EL CUMIN

220 G BRAUNER ZUCKER

1 TL SALZ

1 ZIMTSTANGE

2 TL GERIEBENER FRISCHER INGWER

Die Pflaumen, Äpfel, Knoblauch und
Zwiebeln in einen Topf geben und
erhitzen. 25 Minuten köcheln
lassen, umrühren. Dann alle anderen
Zutaten dazugeben und 1 Stunde
weiter erhitzen, bis die Masse
dick ist. Bevor Du sie in sterile
Gläser füllst, musst Du noch die
Zimtstange entfernen. Ungeöffnet
halten sich die Gläser 6 Monate
frisch. Oder halt auch
nur 'ne Woche :-).

ZUCCHINIBROT

300 G GERASPELTE ZUCCHINI (2 ST.)

300 G MEHL

2 TL BACKPULVER

1 TL SENFPULVER

1/2 TL SALZ

1/2 TL PFEFFER

170 G GERASPELTER
EMMENTALER

100 G BUTTER

4 EIER

140 ML BUTTERMILCH

Als Erstes aus der geraspelten Zucchini die Feuchtigkeit herausdrücken. Da kommt einiges raus! Danach wird die Zucchini mit dem Mehl, Backpulver, Senfpulver, Salz, Pfeffer und Käse gemischt. Ich habe das ohne Maschine von Hand gemacht. Nun komm die flüssige Butter, Eier und Buttermilch dazu. Alles mit einem großen Löffel verrühren. Die Masse wird in eine Kasten- form gefüllt und bei 180 Grad C 1 Stunde gebacken. Das abgekühlte Brot schmeckt am besten aufgetoastet und mit Butter und dem Chutney serviert.

KLEINE BROTKRÄNZE

Zutaten:

TEIG
240 ML LAUWARME MILCH
1 PÄCKCHEN TROCKENHEFE
1/2 TL ZUCKER
1 TL SALZ
60 G BUTTER
1 EI
455 G MEHL

TOPPING
1 EI
1 EL MILCH
SESAM UND MOHN

Keine Ahnung, wie wir es geschafft haben, alle 6 Kränze zu fotografieren, aber wenn Du nachzählst: sie waren beim Foto alle noch da. Sobald der Mann aber gemeldet hat, dass die Bilder im Kasten sind, fehlten auch schon 2 ...ich hab' die noch frisch und ganz warm fotografieren wollen, und die rochen dabei auch noch so gut. Gefrühstückt hatte schließlich außer der Roten Katze noch niemand von uns ... lass' Dich vom Flechten nicht abschrecken, Du kannst das

Food

das ist ganz leicht und geht schnell! Blech auch abends vorbereiten, in den Kühlschrank legen und morgens dann frisch ausbacken! Dann hast Du keinen Morgen-stress.

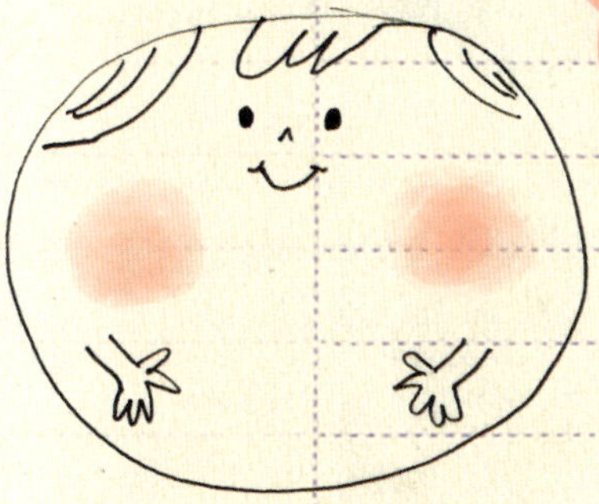

Vermische die Milch mit der Hefe und dem Zucker. Danach gibst Du das Salz, die Butter, das Ei und das Mehl dazu. Knete daraus in der Küchenmaschine einen geschmeidigen Teig, den Du 1 Stunde gehen lässt. Danach musst Du den Teig in 12 gleich große Kugeln teilen. Jede Kugel wird nun in einen 25 cm langen Teigstrang gerollt. Lege 2 Stränge parallel nebeneinander und flechte sie lose zusammen, danach kannst Du sie über der Hand zu einem Ring formen. Die Enden der Stränge musst Du fest zusammendrücken. Aus dem Teig ergeben sich 6 Kränze. Lasse sie noch mal 30 Minuten gehen, bevor Du sie mit dem Ei-Milchgemisch bestreichst und mit den Samen bestreust. Bei 180 Grad C werden sie 25 Minuten gebacken.

fertig!

Enjoy Life

Katzen Tage Buch

proof
we are friends

5. montag

dienstag 4

mittwoch

donnerstag

154

MERRY CHRISTMAS

only 94 DAYS to CHRISTMAS
happy christmas

#1 Ugliest SWEATER

DEAR SANTA

Christmas Pudding hab' ich bisher nur gegessen, aber noch nie genäht. Die Idee fand ich gut und deshalb hab' ich mir als Erstes passende Stoffe aus dem Schrank zu Hause ausgesucht. Für den Teig mus es ein braungrundiger Print sein und für das Icing obendrauf ein weiß-grundiger. Die Blätter hab' ich aus grünem Filz ausgeschnitten und für die roten Beeren mussten Knöpfe in allen Rot-Schattierungen herhalten. Als Schnittvorlage habe ich mir einen Kreis mit 12 cm Durchmesser ausgeschnitten.

Nun musste ich nur noch das tropfende Icing auf meinen Kreis aufmalen und entsprechend ausschneiden. Für die Blätter hab' ich die Umrisse eines Ilexblattes aufgemalt und ausgeschnitten. Da meine Stoffe doch recht dünn waren, habe ich sie noch mit einem dickeren Stoff gedoppelt. Zum Schluss muss jeder einzelne Pudding mit Blättern und Knöpfen zusammengenäht werden. Als Band habe ich noch ein rot-weiß-gestreiftes gefunden. Das passt perfekt. Viel Spaß beim Nähen!

the ultimate waffle bar
Waffelparty im Danröschen

Auch dieses Jahr sollte es bei der Dani im Laden wieder eine vorweihnacht-
liche Aktion geben, irgendwas süßes, Leckeres natürlich kommt immer
recht gut bei den Kunden an. Und bei mir ja auch. Beim Entwurf der
Einladung für das Event ist mir am Computer aufgefallen, dass wir das
jetzt schon 5 Jahre in Folge machen, wie krass! Mittlerweile kenne ich
natürlich schon einige von den netten Kunden und ich treffe die
einmal im Jahr zum Event im Danröschen und wir quatschen dann
immer, wie toll! Anstatt Kuchenbüfett und der üblichen Waffeln

wollte ich was anderes
machen und kam
auf die Idee, eine
ganze Waffelbar
aufzubauen. Mit
vielen verschiedenen
Waffeln und auch
Toppings musste die sein.
Dass ich am Tag X dann
schwitzend mit schweren,
riesigen Schüsseln voller
Teig hinter dem Stand
herumgeturnt bin und
die Idee dann doch nicht
mehr so gut fand, ist
ja wieder was anderes.
Aber die Waffeln waren lecker und der Event war ein voller Erfolg.

Brownie Waffeln

dein Lieblingskuchen jetzt auch als Waffel

Ich fand die Idee super: Anstatt wie immer so einen Berg mit aufgeschnittenen Brownies anzubieten, einfach mal für die Schoko-Liebhaber Browniewaffeln zu backen! Hat super funktioniert und auch geschmeckt. Das Rezept dafür wollten so viele sofort von mir haben, dass mir schon Angst und Bange wurde, wer denn das neue Buch überhaupt noch kaufen wird?!

Die Butter mit der Schoki im Topf schmelzen. Danach runter vom Herd mit dem Topf und Du kannst den Zucker, die Eier, Vanille und die Milch dazugeben und verrühren. Als Letztes noch alle trockenen Zutaten dazugeben: Mehl, Kakao, Backpulver und Salz. Und schon kann's losgehen mit der Brownie Braterei ... yes!

IMPORTANT MESSAGE

Zutaten:

折り返し電話してください

またお電話いただけるそう

用件は以下の通りです

115 G BUTTER
85 G ZARTBITTER SCHOKI
150 G BRAUNER ZUCKER
2 EIER
1 TL VANILLE EXTRAKT
120 ML MILCH
130 G MEHL
2 EL KAKAO
2 TL BACKPULVER
1/2 TL SALZ

より

Hot Fudge N°. Sauce

Topping dazu!

super lecker & geht leicht

Für die Hot Fudge Sauce habe ich alles zusammen in einem Topf abgewogen und langsam zum Aufkochen gebracht. Danach noch ca. 5 Minuten köcheln lassen. Ready to go. (auch lecker natürlich über Eiscreme, oder Waffel und Eiscreme, hehe ...)

Zutaten:

340 G ZUCKER
85 BRAUNER ZUCKER
100 G KAKAO
30 G MEHL
1/2 TL SALZ

1 DOSE = 400 G
GESÜßTE KONDENS-
MILCH
250 ML WASSER
30 G BUTTER
2 TL VANILLE EXTRAKT

Peanut Butter Waffeln

schon klar: Du brauchst natürlich nicht das spezielle „Bubble"-Waffeleisen, kein normaler Mensch braucht das! Als ich es allerdings entdeckt hatte, gab's kein Halten mehr und es wurde in den USA bestellt. Ich hatte bis dato noch keine Ahnung, dass der Strom-Transformator, den ich dafür benötige, die dreifache Größe des Waffeleisens hat. Marcus, unser Nachbar, hat schnell einen besorgt. Mal ehrlich, der Aufwand ist doch gerechtfertigt, oder? Und dann noch der Fun beim Waffelessen mit der Peanut Butter im Teig ... yummy ...

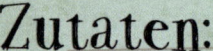

きかは便郵

Zutaten:

3 EIWEIß
2 EIGELB
90 ML MILCH
45 G BUTTER
75 G ZUCKER
1 EL VANILLE EXTRAKT
1 PRISE SALZ
95 G MEHL
1 TL BACKPULVER
65 G PEANUT BUTTER
CREAMY

Zuerst das Eiweiß steif schlagen. Die Eigelbe, Milch und Butter verrühren. Danach den Zucker, die Vanille, Salz, Mehl und Backpulver dazugeben. Dann die Peanut Butter und zum Schluss den Eischnee unterrühren. Fertig ist der Teig für's Waffeleisen, welche Form es bei Dir immer auch hat!

Berry Berry Topping

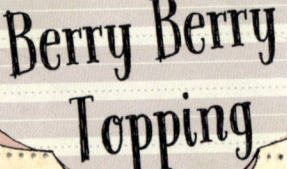

Blaubeer sauce passt dazu

Die Beeren zusammen mit dem Wasser, dem Saft und dem Zucker aufkochen. Das Stärkemehl wird mit dem Wasser angerührt und zu der Beeren-mischung in den Topf gegeben. Lass' es solange köcheln, bis es eingedickt ist. Ich habe dann noch Zimt dazugetan und ein bisschen Bittermandel. Kannst Du aber auch weglassen und nur den Beerengeschmack genießen!

Zutaten:

200 G TK BLAUBEEREN
60 ML WASSER
240 ML ORANGENSAFT
170 G ZUCKER
3 EL STÄRKEMEHL
60 ML WASSER
1 TL ZIMT
EINIGE TROPFEN
BITTERMANDELAROMA

Holländische Stroop Waffeln

Jaaaa genau, das sind diese super-leckeren Waffeln aus Holland.

Aber ich wollte die gerne auch mal selbst backen, nicht jeder wohnt ja so nah an der Grenze wie wir! Du brauchst dazu allerdings ein ganz flaches Waffeleisen („Hörnchenautomat" oder „Pizelle"), denn: Du musst die Waffeln nach dem Backen teilen.

Zutaten:

WAFFELN
1 PÄCKCHEN TROCKENHEFE
120 ML WARMES WASSER
230 G BUTTER
100 G ZUCKER
2 EIER
520 G MEHL

FÜLLUNG
300 G BRAUNER ZUCKER
230 G BUTTER
1 TL ZIMT
6 EL ZUCKER-RÜBENSIRUP (DUNKEL)

Löse die Hefe in Wasser auf. Rühre danach Butter, Zucker und die Eier zusammen. Gebe nun die Hefemischung und zum Schluss das Mehl dazu. Den Teig 1 Stunde gehen lassen. Danach kleine Teigkugeln formen und Waffeln backen. Im noch warmen Zustand mit einem scharfen Messer teilen. Wenn die Waffeln schon kalt sind, geht das nicht mehr!

Füllung: Alle Zutaten im Topf erhitzen, so lange köcheln lassen, bis eine zähe Karamellmasse entstanden ist. Die aufgeschnittene Waffel mit dem Karamell bestreichen und oberes Teil wieder drauflegen. Bei mir war der Rand oft ausgefleddert, deshalb hab' ich die Waffeln mit einem runden Cookie Cutter danach noch ausgestochen ... das gibt leckeren Waffelabfall zum sofort essen! Du kannst natürlich auch Sterne ausstechen. In einer Dose halten die sehr lange.

The Magic of CHRISTMAS ENDS and its GIFTS ARE NEVER Greatest family FRIENDS

Ich hab' das Fenster mit einem flüssigen Kreidestift bemalt. Ging auch im Frühjahr wieder weg :-).

Unser neues Hobby ist ja Wintergrillen. Wer sich auch noch von innen wärmen möchte, dem empfehle ich selbst gemachten Glühwein. Der sieht mit einer Apfelscheibe mit ausgestochenem Stern noch leckerer aus.

Glühwein mit Apfel- scheiben

Salz Brezeln mit Schoki

salzige Brezeln aus der Tüte mit Schoki überzogen sehen nicht nur super aus, die schmecken auch noch! Ganz wichtig: weihnachtliche Streusel obendrauf.
ich mag die zweifarbigen

○ ... mit schokolade und Zimt gefüllt

Challah Bread

Ich bin ja ein großer Challah-Bread-Fan!

Das Grundrezept hab' ich ja schon im letzten Buch vorgestellt. Ich nehme das auch gerne als Grundlage für Schinken/Käsesandwiches.

Was bisher aber noch gefehlt hat, war eine Möglichkeit, es gleich „süß" anbieten zu können. So kam ich auf die Idee, es mal mit Schokolade zu probieren. Das Ergebnis ist ganz arg toll und es hat sich zu einem meiner „allround" Rezepte entwickelt.

Zutaten:

TEIG
1/2 WÜRFEL HEFE
120 ML MILCH
70 G ZUCKER
4 EIGELB
115 G BUTTER
1 TL VANILLE EXTRAKT
1 PRISE SALZ
390 G MEHL

FÜLLUNG
60 G BUTTER
170 G ZARTBITTER SCHOKI
70 G BRAUNER ZUCKER
1,5 TL ZIMT

1 EIGELB
HAGELZUCKER
ZUM BESTREUEN

Die Hefe in der warmen Milch mit dem Zucker auflösen und das Ganze 15 Min. gehen lassen. Die Eigelbe werden mit der Butter und der Vanille zusammengerührt. Dann kannst du die Hefemischung dazugeben, uch die Prise Salz und zum Schluss das Mehl reinkneten. Jetzt den Teig 1-2 Stunden gehen lassen. Für die Füllung erhitze ich die Butter, die Schoki und den Zucker mit dem Zimt in einem kleinen Topf, es muss alles flüssig sein. Wenn der Teig gegangen ist, teilst Du ihn in 3 gleiche Teile. Jede Portion hab' ich dann zu einer 30 cm langen Wurst gerollt. Die werden dann jeweils in ein Rechteck von ca. 30x15 cm ausgerollt. Auf alle 3 Rechtecke wird die flüssige Schoki Füllung aufgepinselt und danach von der Längsseite her aufgerollt. Alle Teignähte musst Du gut verschließen, sonst läuft Dir die Schokolade überall raus! D. h. Die Längsnaht gut zusammendrücken und auch die Enden! Alle 3 Rollen nebeneinanderlegen und zusammenflechten! Die Enden dabei unter den Zopf schieben. Danach noch mal den fertigen Zopf 30 Minuten gehen lassen. Vor dem Backen wird der Zopf mit einer Ei-Wasser Mischung bepinselt. Verquirle das Eigelb mit 1 El Wasser. Zum Schluss noch den Hagelzucker obendraufstreuen und dann bei 180 Grad C ca. 34-40 Minuten backen.

Beim Auftragen der Füllung musst Du einen Rand lassen, sonst ist die Schoki überall.

Mit Figuren aus dem Modellbau lassen sich schöne Kuchenlandschaften gestalten.

genähter Adventskalender

Die Sache mit dem Adventska-
lenderselbernähen als Girlande
zum Aufhängen ist so ein
Projekt, bei dem man sich
danach überlegt, wieso
man nicht schon längst
auf diese Idee gekommen ist!
Selbst gemachte Adventskalender
gibt's viele, aber einen, der jedes
Jahr dann wieder zum Einsatz
kommen kann und dazu auch
noch toll aussieht und einfach zu
machen ist? Hätte ich echt schon
längst drauf kommen können!

Für das Projekt brauchst Du nur verschiedene Stoffreste, die alle miteinander
kombinierbar sind. Ich hab' mich dabei einfach nur an Grün- und Rottöne ge-
halten, plus Sackleinen, das passt ja auch immer dazu. Die Zahlen sind gestempelt. Als Schnitt habe ich einen Papierwimpel benutzt, 21 x 17 cm. Die Zahl ist
immer auf ein Stück Stoff mit Zick-Zack-Stich genäht. Nicht vergessen, irgend-
wo oben eine Naht für die Geschenke offen zu lassen. Zum Schluss noch alle 24
Wimpel auf ein Band genäht und fertig.

leckere Tischkarten zum Essen
Meringue Kränze

Gerade weil ich zur Weihnachtszeit immer viele Gäste bekomme, bin ich ständig auf der Suche nach neuen Ideen für Namenskärtchen. Das ist so schön persönlich, und es muss ja doch irgendwie was Besonderes sein ... deshalb hab' ich begonnen kleine Kränze aus Eischnee zu spritzen.

Als Erstes das Eiweiß steif schlagen und dann den Zucker langsam einrieseln lassen. Dann weitere 6 Minuten schlagen, bis Du eine glänzend weiße Masse hast. Dann kommt noch der Essig dazu. Nach 2 Minuten ist es dann fertig.

Auf dem Backpapier habe ich Kreise mit 10 cm Durchmesser als Hilfslinie gemalt. Dann wird die Masse in einen Spritzbeutel mit Sterntülle gefüllt und im Inneren der Linie aufgespritzt. Die Kränze werden bei niedriger Temperatur eher getrocknet als gebacken! Bei 100 Grad C brauchen sie ca. 45 Minuten.

Zutaten:

4 EIWEIß
220 FEINER ZUCKER
1 TL WEIßWEINESSIG

S'Mores: Der traditionelle Lagerfeuersnack,
mal neu als 4 Schichten Käsekuchen

Cheesecake S'mores Galore

Tja, was soll ich dazu sagen? In dem Kuchen ist viel
Schokolade drin und er schmeckt super?! Das sagt so
ungefähr alles über ihn aus. Die Marshmallow-Schicht obendrauf kannst Du natürlich weglassen, aber die schmeckt
halt schon auch sehr gut! Als ich ihn das erste Mal
angeboten habe, war ich
fast erschrocken über die
Höhe des Kuchens, das
sieht schon beeindruckend
aus! Aber er war dann
der erste Kuchen,
der vom Büfett
verschwunden war!

Zutaten:

SCHOKOBODEN

115 G ZARTBITTER SCHOKI
115 G BUTTER
150 G BRAUNER ZUCKER
3 EIER
65 G KAKAO

Schmilz Schoki und
Butter im Topf.
Gebe Zucker, Eier und Kakao dazu.
Fülle die Masse in eine runde Form mit
23 cm Durchmesser.

KÄSEKUCHEN

500 G FRISCHKÄSE

100 G ZUCKER

3 EIER

75 G ZARTBITTER SCHOKI

Rühre den Frisch-
käse mit Zucker
zusammen, gebe danach
Eier und geschmolzene
Schoki dazu. Verteile
die Masse mit einem
Löffel vorsichtig
auf dem Schokoboden.
Backe das bei
180 Grad C
ca.
60 Minuten.

Zutaten:

SCHOKO-GANACHE

er war Alchemist u
seine Formeln lage
Schreibtisch konnt

Zutaten:

SCHOKOMOUSSE

480 ML SAHNE

180 G ZARTBITTER
SCHOKI

Für das Schokoladen-
mousse die Sahne
steif schlagen.
Hebe danach die
geschmolzene Schoki
unter. Verteile die
Masse auf den
erkalteten Kuchen
und stelle ihn kühl.
Erhitze für die
Ganache alle 3 Zutaten in einem
Topf und verrühre sie gut.
Gieße die Masse dann über den
kalten Käsekuchen und stelle
ihn weiter kühl.

115 G ZARTBITTER
SCHOKI

80 ML SAHNE

1 TL BUTTER

geheimer Schrei

Zutaten:

MARSHMALLOW TOPPING

200 G ZUCKER
2 EIWEIß
3 EL WASSER
1 TL WEINSTEIN
1 PRISE SALZ
12 MARSHMALLOWS,
   KLEIN GESCHNITTEN
1/2 TL VANILLE EXTRAKT

Zucker, Eiweiß, Wasser, Weinstein und Salz im Wasserbad aufgeschlagen, bis sich der Zucker aufgelöst hat und die Masse heiß ist. Danach kommen die Marshmallows rein, rühren, bis sie sich aufgelöst haben (5 Min.). Dann kommt noch die Vanille dazu und alles weiter aufschlagen, bis Du eine schaumige, weiße Masse in der Schüssel hast. Dann kannst Du sie über den Kuchen verteilen. Ich hab die Masse draufgespritzt, Du kannst sie aber auch einfach mit dem Spatula dekorativ verteilen. Damit das Topping die Bräune bekommt, habe ich sie mit einem Flambierbrenner in sekundenschnelle gebräunt.

Wenn Du einen Backofengrill hast, kannst Du ihn auch dort bräunen.

Das Rezept reicht auch für 18 kleine Gläschen, falls Du ihn mal nicht in einer Kuchenform backen möchtest.

ja klar, davon stellst Du keine 20 Karten oder so her, aber für die liebste Freundin

bemüht man sich ja doch ... ich bin nicht so geschickt, dass ich das Spitzendeckchen

und die Schleife ohne jegliche Anleitung selbst häkeln könnte! Ich habe mir im Internet

mehrere Anleitungen angeschaut, und die einfachste ausgewählt! Du kannst aber

natürlich auch fertige Häkeldeckchen nehmen und einfärben, wenn Du gar keine

Lust auf's Häkeln hast ... und die Schleife dann aus Stoff mit der Heißklebepistole

draufkleben. Ich hab' das Deckchen mit Schleife auf ein bedrucktes Papier geklebt

und das wiederum auf eine fertige aufklappbare Karte genäht. Weil mir das Ganze

dann immer noch zu nackt war, mussten noch ein paar Borten und Knöpfe

etc. herhalten ... aber Du kannst Deine ja gestalten, wie Du willst!

S´mores in Waffeltüten

Wenn Du viele Gäste erwartest und s´mores anbieten willst: Alle Zutaten wie Schoki, Marshmallows und Schokoriegel (alles, was bei Hitze schmilzt) einfach in eine Waffeltüte füllen, in Alufolie wickeln und ab auf den Grill damit!

Wenn Du in der Weihnachtszeit ein Frühstück planst, kannst Du das Granola von Seite 19 auch mal anders anbieten:
In einem Ausstecher einen Löffel von der Granolamasse festdrücken und im Ofen bei 180 Grad C 20 Minuten backen.
Dazu Joghurt oder Milch und frisches Obst!

Granola Männer

175

Zutaten:

200 ML WODKA,
400 ML CREMIGE
KOKOSMILCH
1 DOSE = 400 G GESÜßTE
KONDENSMILCH

Einfach alle Zutaten
zusammenmischen, und
dann halt vielleicht
nicht alles
selbst trinken,
hehe ...

Kokosnusslikör
(Aneta`s Favourite)

Ich hatte folgendes Problem: Wir waren alle verabredet zum
Turkey Dinner im Rosa Haus und ein Geschenk fehlte mir noch.
Mein Kopf hat nix ausgespuckt für meine Freundin Aneta.
Über 100 Ecken bin ich dann auf etwas gekommen, was sie
bestimmt super finden würde: Kokosnusslikör! Denn
Aneta hat schließlich auch den Eierlikör bei mir
eingeführt und im Sommer auf der Rückfahrt von
Polen, haben wir beide uns an der Flasche erfreut, die ihre
Mutter uns mit selbst gemachtem Kokosnusslikör eingepackt
hatte. Ähemm .... wir waren nur Beifahrer! Probier's mal aus,
es geht superschnell und das Ergebnis ist der Hammer!

hält sich lange

& ist perfekt zum Verschenken

englisches Früchtebrot

Wenn Du keine Rosinen magst, ist dieses Rezept wohl nix für Dich! Aber wie gesagt: Ich mag überhaupt keine Rosinen in igitt Käsekuchen oder brrr im stuten, nein, nein ..... das geht gar nicht! Aber im Stollen, im Mincemeat oder eben auch im englischen Früchtebrot schmecken sie himmlisch und gehören dazu!

Das Früchtebrot schmeckt überhaupt nicht süß und kann mit Butter bestrichen gegessen werden! Ehrlich gesagt, hab' ich mal wieder was zum Verschenken gebraucht und hab' die kleinen Früchtebrote passend in meinen Blechdosen gebacken. Aus dem Teig hab' ich einen 11-cm- und zwei 14-cm-Durchmesser Kuchen gebacken.

№ FF 44

Der Teig reicht eigentlich aus für eine 22 cm Form, aber ich habe kleinere benötigt ... um die Blechdose hab' ich noch ein bisschen Schnur gewickelt und einen Kleber oben auf den Deckel gemacht ... fertig ist das Geschenk.

solltest Du keine Dose zur Hand haben: Ich finde auch, dass es sehr gut aussieht nur mit Geschenkeband drumherum gewickelt, und vielleicht noch einem Sticker obendrauf. Ich hab' sogar unserem lokalen Bäcker, dem Ingo, ein Früchtebrot geschenkt. Zum Probieren für ihn. Vielleicht mag er es ja so gerne, dass der das Rezept von mir haben will? Vielleicht nimmt er es ja sogar in sein Sortiment auf?

Bin sehr gespannt ...

きかは便郵

Zutaten:

160 G ROSINEN
300 G KORINTHEN
120 G CRANBERRIES, GETROCKNET
140 G GEHOBELTE MANDELN
140 G DATTELN
180 ML BRANDY
2 TL ZIMT
1/4 TL MUSKAT, GEMAHLEN
2 TL VANILLE EXTRAKT
300 G BUTTER
220 G BRAUNER ZUCKER
4 EIER
335 G MEHL
1/4 TL NATRON

GANZE MANDELN ZUM VERZIEREN

CARTE POSTALE

4 5

CHIBI STYLE

Mein Tipp:

Wenn Du zum Verzieren keine ganzen geschälten Mandeln bekommst, kaufe einfach ungeschälte, übergieße sie mit kochendem Wasser und nach 10 Minuten geht die Schale ganz leicht ab.

Alle getrockneten Früchte, zusammen mit den Mandeln und den Gewürzen, sollten über Nacht in dem Brandy eingelegt werden. Ist dazu keine Zeit mehr, haha, passiert mir auch immer!, gebe ich alles in einen großen Topf und erhitze es. Wenn der Brandy heiß ist, kannst Du wieder abschalten, die Früchte saugen sich so innerhalb 30 Minuten voll. Das geht also auch!

Die Butter mit dem Zucker schaumig rühren. Eier auch dazugeben und 10 Minuten weiterrühren. Das Mehl mit dem Natron über die Brandy Früchte sieben und umrühren, sodass alle Früchte mit dem Mehl bedeckt sind. Danach kommt noch die Butter-mischung darüber, wieder alles umrühren. Den Teig kannst Du nun in Deine Back-form(en) löffeln und glatt streichen. Dann kannst Du die Mandeln hübsch obendrauf-setzen und das Ganze in den Backofen stellen! Bei 150 Grad C backen. Die 11 cm Form hab' ich 90 Min. gebacken. Die 14 cm Form 110 Min. Für die große 22 cm wirst Du auf jeden Fall 150 Minuten benötigen.

I wish this year will be the happiest and best for you.

Damit das Lebkuchenhaus ein Blockhaus wird, ist die Hausfassade mit Salzstangen verkleidet.

wird wie ein Blechkuchen gebacken und
danach in Stücke geschnitten

Linzer Streusel Schnitten

hält sich in Dosen verpackt ganz lange frisch

Die Linzertorte mal ganz neu und anders! Das Tolle an diesen Linzerschnitten ist, dass Du sie in Dosen verpackt lange aufbewahren kannst und da sie nach dem Backen in Stücke geschnitten werden, kannst Du aus dem Teig ganz viele herausbekommen! Ich wollte in erster Linie etwas aus den frischen Cranberries machen, die ich zur Winterzeit immer im Kühlregal im Supermarkt liegen sehe. Daraus wird die Marmelade für die Füllung. Du kannst natürlich auch andere rote Früchte nehmen.

Eerste
dag van uitgifte
14 maart 1978
s- Gravenhage

Mau

Zutaten:

FÜLLUNG
600 G FRISCHE CRANBERRIES
340 G FRISCHE ODER TK HIMBEEREN
550 G ZUCKER
2 TL VANILLE EXTRAKT

STREUSELTEIG
340 G & 15 G BUTTER
400 G BRAUNER ZUCKER
520 G MEHL
2,5 TL SALZ
200 G HASELNÜSSE, GEHACKT UND GETOASTET
(IN DER PFANNE OHNE FETT ANGERÖSTET)

Für die Füllung einfach die Früchte mit dem Zucker und der Vanille in einem Topf aufkochen. Unter Rühren so lange kochen lassen, bis alle Früchte weich sind. Die Cranberries müssen aufplatzen! Ich habe das Ganze 20 Minuten kochen lassen.

FoR YoU

Für den Streuselteig wird die Butter mit dem
Zucker schaumig gerührt. Danach kommt noch das
Mehl und das Salz dazu und zum Schluss die getoas-
teten Nüsse. Von dem Teig hab' ich ca. 2 Handvoll weggenommen, die werden mit den 15 g Butter
zu groben Streuseln gemischt, die brauchst Du
dann später für obendrauf. In einer rechteckigen
Backform von ca. 40 x 30 cm wird der Teig
reingedrückt und die Füllung darauf verteilt.
Auf die Füllung kommen dann die Streusel drauf.
Du kannst sie natürlich wie zufällig drauf-
streuen, auf dem Foto kannst Du sehen, dass ich
sie als Gitter verteilt habe. Damit das einiger-
maßen akkurat wird, habe ich aus Backpapier
Streifen geschnitten und aufgelegt. In die Zwi-
schenräume habe ich dann reingestreuselt .... bei
180 Grad C wird das Ganze 30 Minuten gebacken.

100% CHRISTMAS

Eat, drink and do not diet

XMAS CALO RIES DON'T COUNT

Transparente Baumkugeln kann man super mit Kleinigkeiten füllen.

happy sugar cookie season

heiße Schoki mit Erdnussbutter und salzbrezeln obendrauf ....

Peanut Butter Hot Chocolate

Zur Einweihung der neuen Feuertonne sollte es ein besonderes Heißgetränk für alle geben. Ich war auf der Suche nach etwas anderem als Glühwein, und wollte selbst was zusammenmischen und ausprobieren. Nix spricht gegen eine heiße Schokolade, ich wollte die nur noch irgendwie aufpeppen, deshalb kam ich auf die Idee mit der Erdnussbutter und obendrauf was salziges.

Die Milch mit dem Kakaopulver, der Schokolade und der Peanutbutter im Topf erhitzen. Bitte ständig rühren, damit hier nix anbrennt! Sobald alle Zutaten geschmolzen sind, kannst Du das aufgelöste Stärkemehl einrühren, lass' es so lange köcheln, bis die Flüssigkeit etwas andickt. Das ergibt ca. 2 Tassen voll. Mit Sahne und Brezeln nach Lust und Laune anrichten/dekorieren und verzieren!

Zutaten:

500 ML MILCH
2 EL KAKAO
50 G MILCHSCHOKI
25 G ZARTBITTER SCHOKI
65 G PEANUT BUTTER (SMOOTH)
2 EL STÄRKEMEHL,
(GLATT GERÜHRT IN 1 EL MILCH)
SCHLAGSAHNE UND
KLEINE SALZBREZELN FÜR OBENDRAUF

hmm, geflochtener Zimtkranz, sooo gut

Braided Cinnamon Wreath

Macht auch optisch was her!

Vom Prinzip her ist der Teig natürlich, klar! wie Zimtschnecken Aber: Als Kranz sieht das halt so arg toll aus! Ich denke, es liegt daran, dass die aufgeschnittenen Kanten nach außen liegen und alles wie aufgefächert wirkt. Ich war mir nur nicht so ganz sicher, ob ich das Flechten vom Kranz mit Worten so gut erklären kann, deshalb hab' ich step-by-step Fotos davon gemacht. Damit müsstest Du das eigentlich auch ganz leicht hinbekommen. Viel Spaß beim Kranzflechten und -backen!

Zutaten:

TEIG
1 PÄCKCHEN TROCKENHEFE
120 ML WARME MILCH
1 EL ZUCKER
1 EIGELB
30 G BUTTER
260 G MEHL
1/2 TL SALZ

FÜLLUNG
60 G BUTTER
5 EL BRAUNER ZUCKER
3 TL ZIMT

Für den Hefeteig die Hefe in der warmen Milch mit dem Zucker auflösen und einige Minuten gehen lassen. Danach kommt das Eigelb, die Butter, das Mehl und das Salz in den Teig. Den Teig als Kugel formen und 1 Stunde gehen lassen. Danach die Kugel zu einem Rechteck ausrollen, ca. 50x30 cm. Das Rechteck wird mit der flüssigen Butter bestrichen und mit dem Zucker/Zimt bestreut. Nun von der Längsseite her alles zu einer Wurst aufrollen. Die Wurst hab' ich dann der Länge nach aufgeschnitten und mit der Schnittkante nach außen miteinander verschlungen.

Teig zur Wurst
gerollt

längs
aufschneiden

schnittkanten nach
außen legen

miteinander
verschlingen

zum Kranz
formen

Ich hoffe, Du
kannst das auf den
Fotos gut erkennen?
Zum Schluss hab'
ich einen Kranz
daraus gelegt und die
Enden hab' ich fest
aneinandergedrückt.
Den Kranz dann noch
mal gehen lassen. Nach
einer halben Stunde
kannst Du ihn bei
180 Grad C ca.
30 Minuten backen.
Nach etwa der Hälfte
der Zeit mit Alufolie
abdecken, da er schnell
braun wird.

Cookies & Cream Fudge

Zutaten:

550 G WEIßE SCHOKOLADE
1 DOSE = 400 G GESÜßTE KONDENSMILCH
16 OREO KEKSE, IN STÜCKE GEBROCHEN

Die schnittchen sehen einfach umwerfend aus! Und zum Nikolaus habe ich sie in kleine Tütchen oder Boxen verpackt und habe sie verschenkt. Zum Beispiel an das nette Mädchen vom Bauernladen, dort kaufe ich immer ein. Als ich danach wieder hinkam, wollte sie natürlich das Rezept haben und dabei wollte ich es ja eigentlich gar nie weitergeben. Weil: Jeder denkt sich, ich hab' damit was unfassbar Kompliziertes hergestellt, was eh' keiner jemals so hinbekommen wird! Peinlicherweise hat das Rezept nur drei Zutaten und geht so leicht!

Als Erstes die Schoki und die Kondensmilch im Topf schmelzen und zusammenrühren. Dann gibst Du die Hälfte der Oreo Stücke dazu. Diese Masse füllst Du in eine 20x20 cm Form und drückst die Masse mit dem Spatula flach. Obendrauf kommen jetzt noch die restlichen Oreos. Ich hab' die dann noch ein bisschen reingedrückt, damit es ebenmäßiger wird. Dann geht das Schneiden nachher auch leichter. Über Nacht im Kühlschrank erkalten lassen und dann in Stücke schneiden. Stellt sich nur noch die Frage: verschenken oder selbst essen?

Die Eiskristalle sind ganz leicht herzustellen, Du musst nur Lust haben, danach auch alle Sterne mit Icing zu verzieren. Ich hab' nicht unbedingt immer Lust auf das Icing, aber wenn's mich dann packt, backe ich gleich alle Größen und Formen durch, die ich zu Haus' rumliegen hab'. Bei der Suche nach den Ausstechern hab' ich silberne Perlen in der Box gefunden und die dann noch mittig auf die großen Sterne aufgeklebt. Als Rezept für den Teig habe ich das der Gingerbread Men (s. 194) genommen. Auch hier solltest Du nicht vergessen, vor dem Backen mit einem Holzstäbchen ein Loch reinzupieksen, wenn Du die Sterne aufhängen willst.

Eis Kristalle, gebacken

Die Backzeit variiert von 8-12 Minuten, je nachdem, wie groß Deine Sterne sind.

Icing

200-220 G
PUDERZUCKER
1 EIWEIß

Um die doch relativ großen Plastikspritz-tüten handlicher zu machen für die filigranen Linien, hab' ich sie abgeschnitten auf nur die halbe Länge der Tüte. Die Spritztüte liegt Dir so besser in der Hand, weil sie kleiner ist und Du kannst sauberer arbeiten.

Ich hab' von der Mitte aus nur gerade Linien nach außen gezogen und am Ende noch so Verästelungen reingespritzt. Das trocknet ganz schnell und ich konnte die Eiskristalle dann gleich aufhängen.

...Bäckerei. Ein alter ...nn stolperte schwerfällig die Waggonstufen ...unter. keiner von ihnen konnte der neue ...ausmeister sein. Ach doch, ganz am Anfang des ...uges stieg ein eigenartig böse ausschauender ...Mann aus. Er war klein und stämmig und trug ...einen langen Bart. Seine Augen waren grün und ...sein dichtes Haar von grauen Fäden durchzogen. Er schaute jetzt von rechts nach links und

Gingerbread Men

Ich brauche an Weihnachten ja immer so viele Geschenke, Kleinigkeiten, nix Wahnsinniges oder Teures, aber nur 'ne Tafel Schokolade wäre zu wenig, für jeden was kaufen zu schwierig, also muss etwas gebacken werden. Warum nicht Lebkuchenmänner? Aus dem Teig bekommst Du 7 große raus, die Ausstechform hab' ich selbst gemacht (auf ein DIN-A4-Blatt die Umrisse gekritzelt, Papier ausgeschnitten und auf den Teig gelegt und mit einem Messer geschnitten), und das Dekorieren hat superviel Spaß gemacht!

Richtig dunkelbraunen Zucker kaufe ich tatsächlich immer noch in Holland, Du kannst aber auch helleren von uns nehmen.

Das musste wohl der neue Hausmeist
seinen grünen Augen blickte e
bis unten an. Ich mochte ihn
nicht unbedingt sehr freundlich

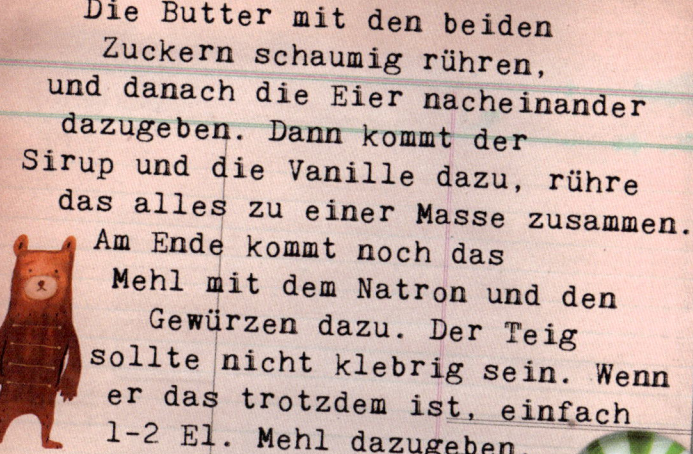

Die Butter mit den beiden
Zuckern schaumig rühren,
und danach die Eier nacheinander
dazugeben. Dann kommt der
Sirup und die Vanille dazu, rühre
das alles zu einer Masse zusammen.
Am Ende kommt noch das
Mehl mit dem Natron und den
Gewürzen dazu. Der Teig
sollte nicht klebrig sein. Wenn
er das trotzdem ist, einfach
1-2 El. Mehl dazugeben.

Ich hab' den Teig dann halbiert,
zu einem Ball geformt und ein
bisschen flach gepresst und in
Frischhaltefolie im Kühlschrank
kalt werden lassen, ca. 2 Stunden.
Danach musst Du den Teig ausrollen,
ca. 4 mm dick. Wenn er noch sehr
kalt ist, ist das superanstrengend,
aber nach ein paar Minuten wird es
besser. Nach dem Ausschneiden
wird der Kerl bei 180 Grad C
ca. 13 Minuten gebacken.

Für das Icing nehme ich 1 Eiweiß
mit ca. 220 g Puderzucker. Das
ergibt eine superklebrige Masse,
mit der Du alle Süßigkeiten auf
dem Gingerbreadmann ankleben
kannst. Wenn Du keine Spritztüten
hast, kannst Du das Icing auch
in einen Klarsichtbeutel füllen
und zum Spritzen eine Ecke
abschneiden. So eine 2-3 mm
Öffnung reicht gut aus dafür.

Zutaten:

230 G BUTTER
235 G DUNKLER BRAUNER
ZUCKER
100 G WEIßER ZUCKER
2 EIER
355 ML ZUCKERRÜBENSIRUP
2 TL VANILLE EXTRAKT
910 G MEHL
4 TL ZIMT
4 TL INGWER, GEMAHLEN
1 TL SALZ
1 TL NATRON
1 TL NELKEN
1/2 TL MUSKAT } GEMAHLEN

RALF

MAMA

USCHI

Seilbahn Burg
WWW.SEILBAHN-BURG.DE
42659 SOLINGEN
TEL.: 0212 / 43181

22/05/2015 14:00   06
000000   TAL

ERWACHSENER   € 2.80
ZW-SUMME   € 2.80
MWST. 7 %   € 0.18

BAR € 2.80

GOHIER, Note

Ich wollte immer schon mal so einen Baum backen, mit ganz vielen Lagen aus sternen. Du brauchst dazu verschieden große Ausstecher. Ich hab' die gleich im set gekauft, damit alle gut aufeinanderpassen.

Insgesamt 10 verschiedene, von jedem hab' ich dann 3 stück gebacken (ich wollte ja 'nen hohen Baum haben)! Und das Backen hat echt ewig gedauert. Als Rezept verwende ich das gleiche wie für die Gingerbread Men von Seite 194.

Baum aus Lebkuchenteig

en Tisch in   Und die Anweisungen lauteten: ein Raum, der
uf dem   nach Osten liegt. Acht Felder in einer getäfelten
r Tinte   Wa   verse-

werden. I
schon ma
zu sein u
deutet. H
ist sicher
mein   Bl
wer

Das reicht von der Menge genau. Zum Zusammensetzen brauchst Du Icing aus 1 Eiweiß und ca. 200-220 g Puderzucker. Das Drumherum fand' ich als Ergänzung sehr schön, aber Dir fällt dazu bestimmt was ganz anderes ein. Ich hab' mich einfach im Wohnzimmer umgeschaut, was denn zum Baum passen könnte und hab' dabei den Schlitten mit den Jungs entdeckt. so ist das ja immer bei mir ...

Es hatten mich mehrere Leute darauf angesprochen, ob sie nicht mit ihren Kindern vorbeikommen könnten, um die Wunschzettel bei uns abzugeben. Da das Rosa Haus ja auch von außen immer dekoriert ist, kommt es oft vor, dass es zum Warum also nicht auch die Anlaufstelle zur nachdem es sowieso schon aussieht, als würde bei wohnen? Ich wollte die Idee auf jeden Fall noch alle Nachbarn und Freunde zum Helfen

sehr weihnachtlich-üppig Weihnachtsfotomotiv wird. Wunschzettelabgabe sein, uns der Weihnachtsmann aufgreifen und musste nur und Mitmachen überzeugen,

WUNSCHZETTEL
ABGABE
&
Wichtel
Weihnachts
markt

AM 6. 12.
VON 13 - 17 UHR
AM ROSA HAUS

DIE HELFER VOM
WEIHNACHTSMANN

FREUEN SICH AUF
DICH ***

was dann aber sehr gut funktioniert hat! Alle Nachbarn in der Straße hatten einen Stand, alle Freunde kamen zum Helfen und wir hatten unfassbares Glück mit dem Wetter, sodass wir sofas und Teppiche und alle Deko auch wirklich auf die Straße rausstellen konnten, damit es richtig schön und gemütlich wird.

· VOM POSTAMT DES ·

Weihnachtsmanns

EMPFANGSBESTÄTIGUNG

Wir feuen uns sehr
bestätigen zu können, dass

Eliah

einen Wunschzettel abgegeben
hat und gemäss der Richtlinien
des Weihnachtsmanns als
brav eingestuft wurde.

**OFFIZIELLE LISTE DER
BRAVEN KINDER**

dieses Jahr warst du:

☐ FRECH
☑ BRAV

GESCHENKELISTE
GENEHMIGT
BRAVES KIND

Das hast du gut gemacht.
Vergiss nicht am 24.12.
nach Geschenken
Ausschau zu halten

Mit deinem Fingerabdr...
du, dass du sehr

ONE DAY
PASS
...hin Card

...es dream...

Die Elfe Bernadette saß in unserem Zirkuswagen, der ja jetzt die offizielle Weihnachtspoststelle war, und hat die Wunschzettel entgegengenommen. Jedes Kind konnte einen Daumenabdruck in das Buch vom Weihnachtsmann machen und bekam auch ein Zertifikat von der netten Elfe ausgehändigt. Ich habe persönlich dafür gesorgt, dass alle Wunschzettel pünktlich an den Weihnachtsmann weitergeleitet wurden. Man hat ja schließlich eine große Verantwortung! Der Weihnachtsmann hat sogar auf die Wunschzettel geantwortet, jeder konnte seinen Namen mit Adresse hinterlassen. Da ich dem Weihnachtsmann versprochen hatte, ihm zu helfen, saß ich also Tage später mit Tinte und Federhalter am Tisch und habe in schönschrift Namen geschrieben ...

Letters to Santa
Express Delivery
to the
North Pole

MERRY CHRISTMAS

... an. ich
Es scheint eine Art Geheimschlüssel zu sein und ... auf
ich wollte ...

VOM SCHREIBTISCH DES

Weihnachtsmanns

Lieber Timmy,
Lieber Matze,
                          Weihnachten

Vielen Dank für Deinen Wunschzettel, über den ich mich sehr
gefreut habe. Die netten Elfen vom Postamt am rosa Haus
haben ihn mir weitergeleitet. Bei all den vielen hohen
Stapeln an Wunschzetteln, ist es allerdings ganz schön
schwierig den Überblick zu behalten und alles richtig zu
entziffern. Sei mir also bitt...

VOM SCHREIBTISCH DES

Weihnachtsmanns

SCHLITTENPOST

LIEFERUNG BIS
SPÄTESTENS
24. DEZEMBER

Timmi W.
Matze von Arnheim

... verblichen waren. Aber ich

... zu testen ob es auch noch frisch ist!
Das ist doch wohl wirklich die Höhe. Ich hab ihn ganz arg
ausgeschimpft. Ich vermute sogar, dass er sich unten im
Keller heimlich ein kleines Lager eingerichtet hat!

Nun muss ich aber Schluss machen, es ist eine
sternenklare Nacht heute am Nordpol und ich muss ja auch
schon bald los, es liegen noch mehrere 1000 Kilometer
vor mir! Es gibt soviel zu tun.

Ein kalter Kuss von Deinem

Weihnachtsmann

Weihnachtsmann

GESCHENKELISTE
GENEHMIGT
BRAVES KIND

Buch vom
Weihnachts-
mann der
braven Kinder

COMFORT
JOY

Popcorn
Waffel
Tüten

Meine Freundin Anna hatte
einen Stand mit Popcorn und
kandierten Äpfeln auf
unserem Weihnachtsmarkt. Wer
keine Papiertüte wollte, konnte
eine von mir verzierte Waffeltüte bekommen, mit Pop-
corn gefüllt. Dazu benötigst Du
nur rote M&Ms und die
Augen gibt es von Wilton.
Beides wird mit einem Puder-
zucker/Eiweißgemisch aufgeklebt. Es gibt auch extra
Mädchenaugen!

Elixir 速 達

Rentierfutter (geheime Rezeptur)

Magisches **RENTIER** futter
* NACH EINER STRENG GEHEIMEN REZEPTUR VON DER FRAU VOM WEIHNACHTSMANN

· MAGISCHES ·
Rentierfutter

Die Rentiere vom Weihnachtsmann sind in der Lage dieses Futter bis zu einer Entfernung von 100 km zu riechen und sie werden sofort in die Richtung wo Du wohnst laufen, mit dem Weihnachtsmann auf dem Schlitten und Deinen Geschenken auch mit drauf!

UND SO FUNKTIONIERTS

An dem Abend vor dem 24.12. musst Du, direkt bevor Du ins Bett gehst, unser magisches Rentierfutter vor der Haustüre oder im Vorgarten ausstreuen. Am besten nicht die ganze Tüte auf eine Stelle ausleeren, denn je mehr Du das Futter verteilst, desto besser können die Rentiere es riechen. Wenn Du fertig bist, musst Du gleich ins Bett gehen.

Wir machen das in unserem Haus seit Jahren und es klappt immer.

Viel Glück und Frohe Weihnachten aus dem Rosa Haus.

Mein Rentierfutter kam super an bei kleinen und großen Besuchern unseres Weihnachtsmarktes Es gab auch nach Weihnachten keinerlei Beschwerden, demnach hat das Ursprungsrezept, was seit Hunderten von Jahren überliefert wird, immer noch seine Gültigkeit. Das freut mich sehr. Ich kann aber leider keine Garantie übernehmen für die Größe oder den Inhalt der Geschenke.. Das Futter sorgt nur dafür, dass Dein Haus bevorzugt wird. Das Rezept ist, wie gesagt, streng geheim. Tipp von mir: Die Vierbeiner mögen sehr gerne Haferflocken und Cornflakes!

DROGISTERIJ R. ROUKEMA
Brinkstraat 2
Jodiumtinctuur
OOSTERWOLDE — Telefoon 37

DROGISTERIJ R.
Brinkstr
Jodium'   ur
OOSTERWOLDE   37

MEET ME UNDER THE MISTLE TOE

Weihnachtskarte
mit
Buttons

Ich finde Buttons zum Anstecken einfach toll, und suche auch ständig nach neuen Motiven. Deshalb wollte ich auch gerne mal selbst welche entwerfen. Im Internet findest Du ganz viele Anbieter, und die Minimummengen sind nicht hoch. Auch zum nächsten Geburtstag oder zur Kinderparty wäre es doch bestimmt super, welche machen zu lassen, denke ich. Die Karte habe ich dann passend dazu auch noch drucken lassen. Von Hand hab' ich mit einer Lochzange jeweils zwei Löcher für jeden Button gepuncht und sie darauf befestigt.

I can get you on the naughty list

eine Schneelandschaft zum Essen

Marshmallow Berge

Ich wollte gerne mal wieder Marshmallows selbst machen und hatte im Kopf so ganz große weiche dicke vanillige, die im Mund zergehen ... am Ende sind es dann sogar ganze Berge in einer Schneelandschaft geworden. Ich fand's super! Fehlten nur noch die Bäume für die Optik. Da die üblichen kleinen grünen künstlichen mir nicht „kalt" genug gewirkt haben, hab' ich noch welche auf Papier gemalt, auf den Keksteig gelegt, mit dem Messer ausgeschnitten und gebacken ... und so sieht das Ganze dann aus!

Zutaten:

125 ML WASSER (WARM)
2 EL GELATINE PULVER (1 PÄCKCHEN)
330 G ZUCKER (EXTRAFEIN)
230 G GLUKOSE-SIRUP
125 ML WASSER
DAS MARK 1 VANILLESCHOTE

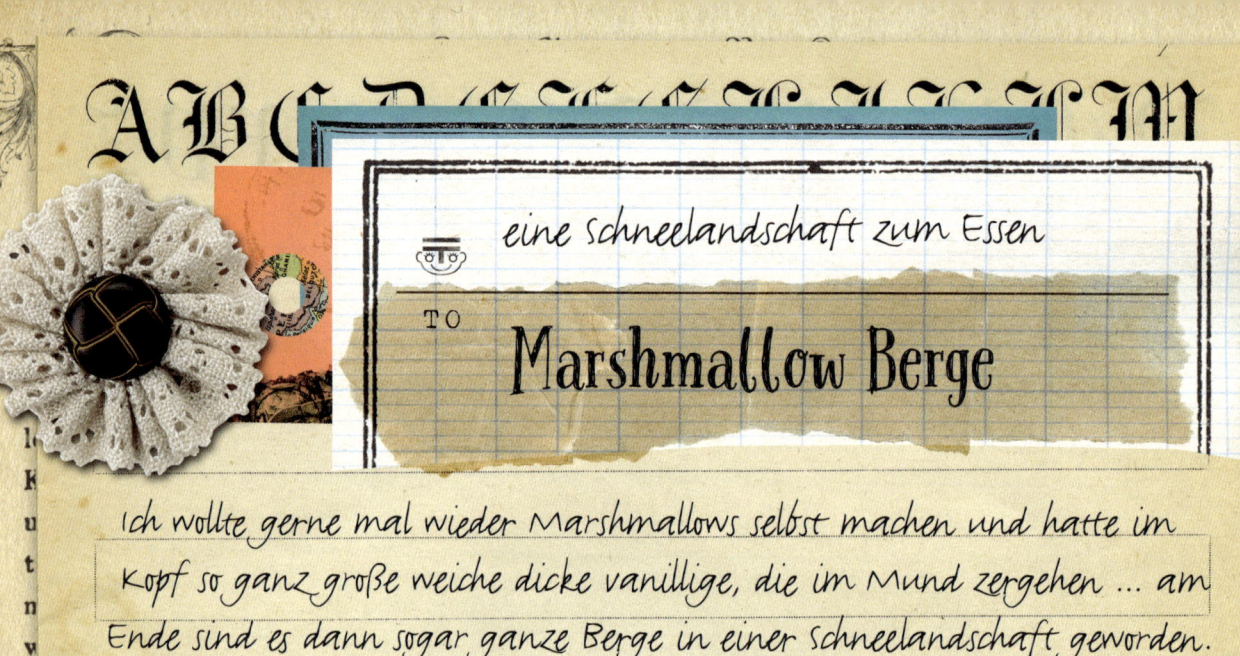

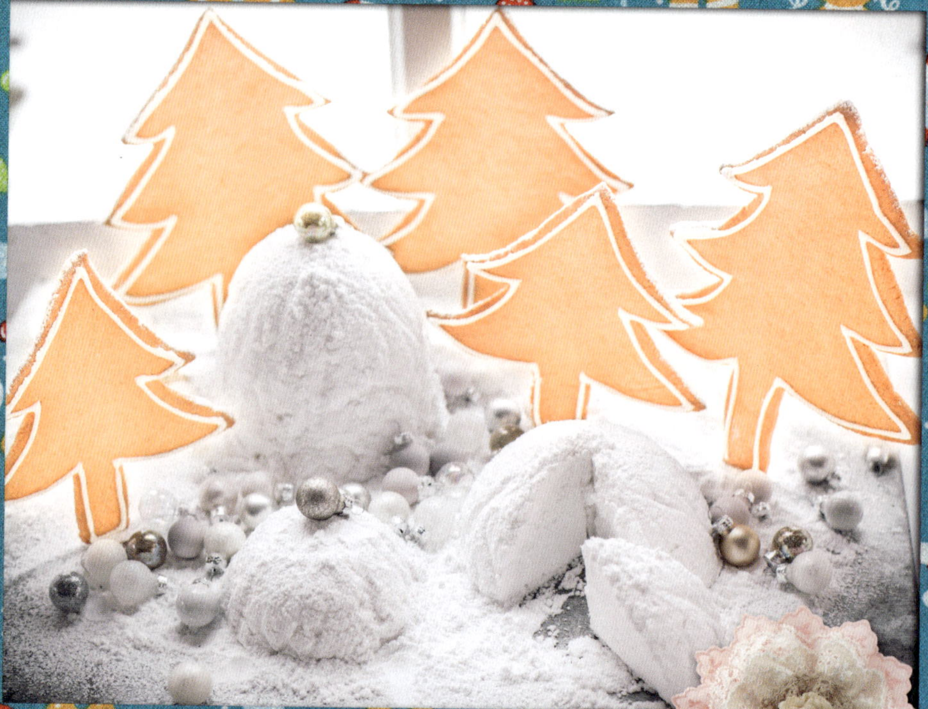

きかは便郵

Da ich mal wieder nirgendwo Glukosesirup gefunden hab', kam mir die Idee, selbst einen Zuckersirup herzustellen, Hat auch gut geklappt. Dazu habe ich 200 g extrafeinen Zucker mit 80 g Wasser verrührt. Nun einfach in einem kleinen Topf ca. 8 Minuten köcheln lassen. Der Sirup ist dann schon gut dickflüssig. Wenn Du ihn erkalten lässt, kann es je nach Kochdauer und ohne Hilfsstoffe sein, dass er wieder kristallisiert. Ich habe ihn daher immer direkt warm weiter- verwendet, dann ist er flüssig und klar.

Suche Dir als Erstes für die Marshmallows 3 verschieden große Schüsseln aus, Ich hab' Müslischüsseln genommen, die musst Du mit Frischhaltefolie auskleiden. Das warme Wasser gibst Du in eine große Rührschüssel und rührst das Gelatinepulver ein. In einem Topf kochst Du den Zucker, das weitere Wasser und den Glukosesirup auf, bis der Zucker sich aufgelöst hat. Ohne umzurühren das Ganze dann auf 115 Grad erhitzen (das geht mit 'nem Zuckerthermometer und hat bei mir schon so 10 Minuten gedauert). Die heiße Zuckermasse lässt Du nun langsam in die aufgelöste Gelatine fließen, gibst das Mark der Vanille hinzu und schlägst das Ganze auf höchster Stufe mit der Küchenmaschine (Schneebesen). Die Maschine braucht über 10 Minuten, bis die Masse weiß und dickschaumig ist. Danach in den ausgekleideten Schüsseln verteilen und flachdrücken. Ich hab die Schüsseln über Nacht in den Kühlschrank gestellt, dann brauchst Du sie nur noch zu stürzen und die Folie zu entfernen. Unebenheiten, die durch die Folie entstanden sind, hab' ich frech mit Puderzucker übertüncht. Die Bäume der Schneelandschaft sind aus dem Vanille Cookie Teig, das Icing aus Puderzucker und Eiweiß.

In den Schraubgläsern habe ich Cheesecakes ohne Boden gebacken, das Rezept von Seite 42, nur ohne Beeren. Für die Mützen hab' ich Ärmel von alten Strickpullis abgeschnitten, Minipompoms, Bänder und orangefarbene Papiernasen drangeklebt, fertig sind die Schneemänner!

Nach dem Essen ging ich nac...

Für den Weihnachtsmann immer Milch und Kekse hinstellen.

MILK FOR Santa

COOKIES FOR Santa

Heller Teig der Cookies von S. 123

ein Kreuz geheimnisvoll.

wahrscheinlich war es Lateinis...

thanks

Für die Herzgirlande kannst Du den Gingerbread-Men-Teig von Seite 194 nehmen. Vor dem Backen das Loch reinpieksen nicht vergessen! Du kannst natürlich auch Sterne oder andere Motive ausstechen.

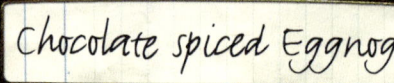
Schokoladen Eierpunsch

Als ich vor dem Kühlregal in den USA stand und gesehen habe, was es da alles an verschiedenen Sorten von Eierpunsch gibt, bin ich ganz blass geworden vor Neid! Es waren bestimmt über 10 Sorten im Tetrapack! Selbstverständlich musste ich ganz viele davon auch probetrinken und bei einem davon war klar: Den muss ich auch selbst zu Hause machen können. Glücklicherweise hatten wir eine voll eingerichtete Küche und meinem Probekochen mit sofortigem Geschmacksvergleich stand nix mehr im Weg …

Zutaten:

1 LITER MILCH
175 G ZUCKER
1/2 TL SALZ
1 VANILLESCHOTE
2 ZIMTSTANGEN
6 EIGELB
70 G ZARTBITTER SCHOKI
50 G MILCHSCHOKI
240 ML SAHNE
125 ML WEINBRAND
MUSKATNUSS, GEMAHLEN

Aus dem Eiweiß kannst Du Meringue Kränze machen (S. 170).

Die Milch, den Zucker, das Salz, Mark der
Vanilleschote und die Zimtstange erhitzen,
bis sich der Zucker aufgelöst hat. Jetzt kannst
Du den Herd ausschalten, aber lass' das Ganze
danach noch 30 Min. im Topf ziehen,
Die Eigelbe werden in einer Schüssel aufgeschlagen,
bis sie hellgelb sind. Nun gibst Du eine große Tasse
der Milchmischung zu den Eigelben und danach wird
diese Masse in den Topf zu der Milchmischung
gegossen und auf 80 Grad C erhitzt. Es soll aber
nicht kochen! Das dauert so 6 Minuten. Dann kannst
Du noch die Schoki dazugeben und auflösen. Der
Eggnog wird kalt getrunken, deshalb wird er nun
kühl gestellt. Davor aber noch die Zimtstange
entfernen. Vor dem Servieren wird die steif ge-
schlagene Sahne untergehoben und der
Brandy eingerührt. Obendrauf reibe ich
immer ein bisschen Muskatnuss. Hmmm ...

Noel

Kranz
aus
Sternen

Ich wollte gerne einen
Kranz zum
Aufhängen backen
und hab' dafür
den Teig von den
Choc PBJ Cookies
von Seite 218
genommen.
Auf einen Kreis mit 9 cm
Durchmesser auf dem Backpapier
habe ich die ausgestochenen Kekse
dann mit überlappenden Spitzen
aneinandergereiht. Danach bei
180 Grad C 15 Minuten backen.

213

Stockings
für
4-Beiner

Weihnachtsgeschenke
für Freunde mit
Fellmitbewohnern

Der Kater
Gropius von Saraa
hat seinen Strumpf in Fischform
bekommen. Da schmeckt jedes
Geschenk gleich noch besser!
Die Labradordame Caramel von
Anna wohnt in Meerbusch
und bekommt ihren stocking aus
glänzendem Satin und mit
Perlen bestickt.

Weihnachtsbäckerei

Vanillekekse mit Marmelade

Ohh, die sehen nicht nur schön auf dem Teller aus, nee, die schmecken auch sehr gut! Hab' das letzte Glas selbst gemachte Himbeermarmelade vom Sommer dafür genommen!

Jam

Zutaten:

125 G BUTTER
110 G ZUCKER
1 EI
2 TL VANILLE EXTRAKT
225 G MEHL
PUDERZUCKER
FÜR OBENDRAUF
120 G ROTE MARMELADE,
ICH HAB' HIMBEER
GENOMMEN

Die Butter mit dem Zucker schaumig rühren.
Danach das Ei, die Vanille und das Mehl dazugeben.
Ich hab' von meiner Freundin Yukiko aus Tokio ja die
Technik gelernt, alle Cookieteige in einen Gefrierbeutel

1 2 3 4 5 6 7 8 9 10 11 12 13 14 15 16 17 18 19 20 21 22 23 | 28 2

zu füllen, darin erst mal zu kühlen und dann in dem Beutel auszurollen. D. h. Du fasst den Teig gar nie mit der Hand direkt an. Das hat den Vorteil, dass er nicht so schnell warm wird, denn gekühlt lässt er sich ja viel besser verarbeiten! Und festkleben kann er

auf der Arbeitsplatte auch nicht. Du brauchst auch kein zusätzliches Mehl zum Ausrollen, was den Teig ja eh nur trocken macht. Ich hab' ihn so 3 mm dick ausgerollt und die inneren ausgestochenen kleinen Kekse auch gebacken, die schauen sehr süss aus! Du brauchst zum Schluss halt genau so viel Unter- wie auch Oberteile. Ich hab' die Kekse auf dem Backblech noch mal gekühlt und danach 10-12 Minuten bei 180 Grad C gebacken.

Danach die Oberteile und die kleinen Ausstecher mit Puderzucker bestäuben, die Unterteile mit Marmelade bestreichen und zum „Sandwich" zusammenlegen.

alles, was wir mögen, in einem Keks vereint:
PBJ = Peanut Butter & Jam

Chocolate PBJ Cookies

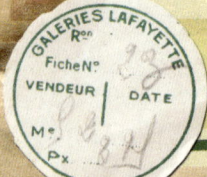

Und noch mal so ein Doppeldecker/Sandwich Keks, der zusammengesetzt wird. Ich hab' dazu den gleichen Teig wie von den Vanillekeksen genommen, und einfach noch Kakao dazu getan. Wenn Du also Lust hast auf vieeeeeele Kekse - mach doch die doppelte Menge und „färbe" dann die Hälfte davon mit Kakao ein?!

Zutaten:

ALLES WIE BEI DEN
VANILLEKEKSEN
VON SEITE 216
UND DAZU NOCH

25 G KAKAO
280 G PEANUT BUTTER
160 G ERDBEERMARMELADE

Alles funktioniert wie bei den Vanillekeksen, nur
kommt zum Schluss noch beim Mehl auch der Kakao dazu.
Natürlich habe ich auch hier wieder den Teig in
Gefrierbeutel gefüllt, ein bisschen flach gepresst in
der Tüte und gekühlt. Danach in der Tüte entsprechend
ausgerollt, ca. 5 mm dick. Hier habe ich runde
Ausstecher genommmen mit so 'nem gewellten Rand. Die
werden dann bei 180 Grad C 6 Minuten gebacken.
Die Erdnussbutter habe ich in einen Spritzbeutel
gefüllt und vorne eine Sterntülle draufgeschraubt,
ich fand das mit dem Sternenmuster schöner zum
Spritzen, Du kannst aber auch wieder einen Gefrierbeutel an der Ecke aufschneiden, wenn Du keinen hast.
Auf die Hälfte der Kekse hab' ich dann Kringel gespritzt,
in die Mitte dann die Marmelade eingefüllt und einen
Zweiten Keks oben drauf gesetzt. Fertig. Ich hab' auf
dem Foto auch Kekse ohne Deckel fotografiert, damit Du
das „Innenleben" sehen kannst.

I wish you a joyful Christmas from the bottom of my heart.

Beutel

iNdEX

Kuchen

Apfel Käse Karamell 120	Blueberry Lemon 30	Cinnamon Wreath 187	Früchtebrot 177	Himbeer Streusel 105
Hochzeit 91	Ingwer Zitrone 110	Karotten Käse 114	Kürbis Käse 94	Kürbis Schoko 98	Kürbis Streusel 96
Mohn 72	Nektarinen 78	Nuss Appeltaart 118	NY Cheesecake 42	Orangen Honig 44	Osterbrötchen 24
Rainbow Colour 21	Rhabarber 80	Rosinenbrot 89	Schoko Buttercreme 77	Schoko Ganache 17	Schoko Käse 171
Schoko Zimt Challah 166	Shortbread 108			

Kleinigkeiten

Ananas & Lemoncurd 64	Black & White Cookies 123	Brezeln 38	Burger & Pommes 57	Buttercreme 41

190	128	9	28	52	36
Cookies & Cream	Donuts	flammende Herzen	Flapjacks	Frangipane	Franzbrötchen

194	19	83	27	102	132
Ginger Bread Männer	Granola Korb	Hummingbird	Karamell Brownies	Karamell Crunch Schnitten	KitKat

181	208	170	74	29	126
Linzer	Marshmallows	Meringue	Neapolitan	Pancakes	Peanutbutter Brownies

12	13	47	218	116	7
Peanutbutter Cookies	Pizza	Pop Tarts	Schoko Peanutbutter Cookies	Schokobruch	Scones

134	216	159			
Twix Kekse	Vanille Kekse	Waffeln			

Salziges	152	147	143	146	149
	Brotkränze	Frittata	Linsenbrot	Maisbrot	Muffins

144	150	146	150		
Olivenbrot	Pflaumen Chutney	Tomaten Relish	Zucchinibrot		

Getränke	Erdbeer Limes *61*	Glühwein *165*	Hot Choc *185*	Hot Toddy *131*	Kokos Likör *176*
Schoko Eierpunsch *212*					
essbare Deko	Cookies for Santa *211*	Eiskristalle *192*	Gebisskekse *139*	Granola Männer *175*	Hasengesicht *18*
Herzgirlande *211*	Käsekuchen im Glas *211*	Kekse bemalen *85*	Keksteig verpackt *125*	Laubkekse *101*	Lebkuchenbaum *197*
Lebkuchenhaus *180*	Marmelade *67*	Popcorntüte *203*	S'mores *175*	Schokobrezeln *165*	Schokolöffel *40*
Sternenkranz *213*					
crafty Deko	bemaltes Fenster *164*	Bunny Tails *23*	Buttons *207*	Getränkespender *51*	Hochzeitsstand *62*

136 Horror Kranz	**15** Kekse verpacken	**45** Kuchenflaggen	**23** Osterhase	**82** Papierdeko	**205** Rentierfutter
76 Sommerzelt	**55** Taschentuch Girlande	**50** Tischkarten			
genähte Deko	**169** Adventskalender	**65** bestickte Karte	**88** Buchhülle	**26** Buchstaben genäht	**127** Häkelglas
174 Häkelkarte	**79** Kannenwärmer	**157** Pudding Girlande	**32** Schürze	**137** Spinnennetz	**14** Täschchen
18 Tasche	**14** Topflappen	**81** Untersetzer			
furry Friends	**35** Hundeknochen	**33** Leckerli	**215** Stockings	Peanut	Big Daddy
Cupcake	Marmelade	Milkshake	Marshmallow	Buttercup	O.B. (orange boy)

Irgendwann aber war der letzte Tag der Ferien gekommen. In diesem Sommer hatte ich viele neue Freunde gefunden und tolle Abenteuer erlebt. Wir hatten gemeinsam das Geheimnis der schwarzen Gilde gelüftet und deren Anführer, den schwarzen Kater, aus meinem Revier in Oberburg vertrieben. ~~Nun hieß es aber leider Abschied nehmen. Vor allem von meiner Freundin, die wir „Katzenbus" nannten. Dies war bisher mit Abstand der traurigste Tag in meinem Katzenleben. Ganz langsam hob ich die Pfote und winkte ihr von unserer Mauer aus zu, bevor sie im Wald verschwand, um sich im Tal bei neuen Menschen ein eigenes Revier zu suchen.~~

Sie blieben für immer zusammen, und wenn sie nicht gestorben sind, dann leben sie noch heute!

Ende.

Konzept, Texte und Rezepte:
Andrea Stolzenberger

Fotografien:
Achim Fettig
Foodstyling:
Andrea Stolzenberger

Design, Layout und
Umschlaggestaltung:
Andrea Stolzenberger
mit Achim Fettig

Edel Books
Ein Verlag der Edel Germany GmbH

Copyright © 2015 Edel Germany GmbH,
Neumühlen 17, 22763 Hamburg
www.edel.com
2. Auflage 2015

Projektkoordination:
Nina Schnackenbeck

Lithografie: Frische Grafik, Hamburg
Druck und Bindung: optimal media GmbH,
Glienholzweg 7, 17207 Röbel/Müritz

LIME WATER | **SYRUP**

EVERYday IS AN ADVENTURE!

because I'm the CAT

THAT´S WHY!!

today is going to be awesome

EAT, DRINK & BE MERRY

LIFE'S TOO SHORT EAT MORE CAKE!

besuch' mich auf cutecottageoverload.de

merci beaucoup